U0587326

△ 钱兆明，1980 年春于北京颐和园

△ 北京外国语大学英语系 1978 届研究生班师生合影，摄于 1980 年春

后排自左至右：
刘伟平、陈范梅、孔蕴华、徐自立、陈鑫伯、胡曰健、范守义、李燕姝
导师自左至右：
熊德倪教授、许国璋教授、刘世沐教授、王佐良教授
前排自左至右：
刘新民、金立群、钱兆明、龙吟夏、戚珏、楼光庆

△ 2009 年钱兆明荣获美国新奥尔良大学最佳教授奖

△ 2012 年夏钱兆明与新奥尔良大学文学院英美文学博士生、硕士生合影

△ 2014 年春钱兆明与杭州师范大学外国语学院英美文学专业硕士生合影

△ 2008年6月在北京理工大学召开的首届中国庞德学术研讨会与会成员合影

第二排右一为时任中国庞德研究学会主席、北京理工大学王誉明。前排左一、右一分别为时任中国庞德研究学会副主席的张剑（北外）和孙宏（人大）；中间11人为中国庞德研究学会顾问与来自北大、人大、南开、北外的特邀代表，左二起：郭棣庆（北外）、赵毅衡、常耀信、张中载（北外）、江枫、屠岸、许渊冲、钱兆明、刘树森（北大）、王宏印（南开），郭英剑（人大）。正中、穿深色外套的为屠岸。详细新闻内容可以登录 http://www.bit.edu.cn/xww/38899.htm 查询阅读。

5

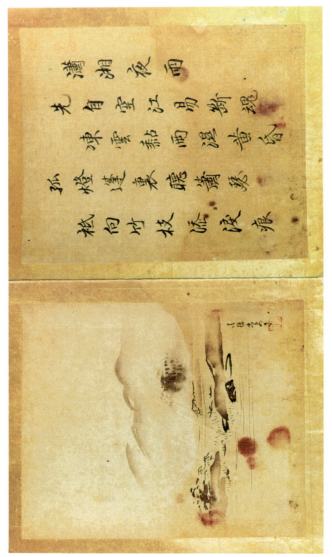

Fig. 1. "Night Rain", a scene accompanied by a poem in Chinese (right), from Ezra Pound's screen book. Photo by Richard Taylor (Courtesy of Mary de Rachewiltz).

Fig. 2. "Autumn Moon", a scene from Ezra Pound's screen book. Photo by Richard Taylor (Courtesy of Mary de Rachewiltz).

Fig. 3. "Evening Bell", a scene from Ezra Pound's screen book. Photo by Richard Taylor (Courtesy of Mary de Rachewiltz).

Fig. 4. "Sailboats Returning", a scene from Ezra Pound's screen book. Photo by Richard Taylor (Courtesy of Mary de Rachewiltz).

Fig.5. "Mountain Town", a scene from Ezra Pound's screen book. Photo by Richard Taylor (Courtesy of Mary de Rachewiltz).

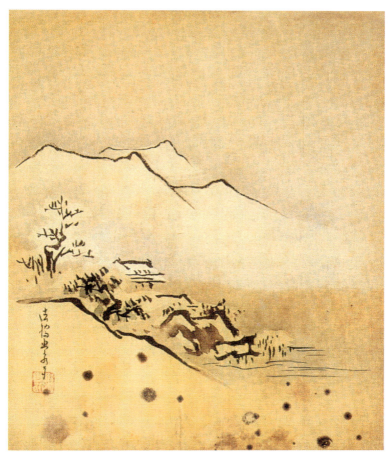

Fig. 6. "SnowyEvening", a scene from Ezra Pound's screen book. Photo by Richard Taylor (Courtesy of Mary de Rachewiltz).

Fig. 7. "Wild Geese", a scene from Ezra Pound's screen book. Photo by Richard Taylor (Courtesy of Mary de Rachewiltz).

Fig.8. "Fishing Village", a scene from Ezra Pound's screen book. Photo by Richard Taylor (Courtesy of Mary de Rachewiltz).

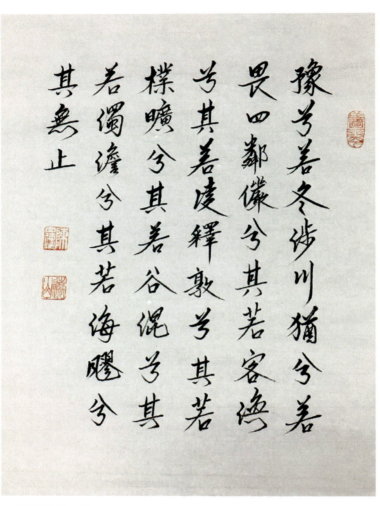

豫兮若冬涉川猶兮若畏四鄰儼兮其若客渙兮其若凌釋敦兮其若樸曠兮其若谷混兮其若濁澹兮其若海飂兮若無止

△《道德经》第15章

14

Where the Mind Opens:

Qian Zhaoming Essays of the 1980s

钱兆明1980年代论文集

若谷编

钱兆明　著

Zhaoming Qian

外语教学与研究出版社

FOREIGN LANGUAGE TEACHING AND RESEARCH PRESS

北京 BEIJING

图书在版编目（CIP）数据

若谷编：钱兆明 1980 年代论文集／钱兆明著 . -- 北京：外语教学与研究出版社，2018.9
ISBN 978-7-5213-0436-7

Ⅰ . ①若… Ⅱ . ①钱… Ⅲ . ①英语－教学研究－文集 Ⅳ . ①H319-53

中国版本图书馆 CIP 数据核字 (2018) 第 225083 号

出 版 人　徐建忠
责任编辑　赵东岳
责任校对　孔乃卓
装帧设计　孙莉明
封面题名　陈立德
出版发行　外语教学与研究出版社
社　　址　北京市西三环北路 19 号（100089）
网　　址　http://www.fltrp.com
印　　刷　北京九州迅驰传媒文化有限公司
开　　本　850×1168　1/32
印　　张　10.5
版　　次　2018 年 10 月第 1 版 2018 年 10 月第 1 次印刷
书　　号　ISBN 978-7-5213-0436-7
定　　价　46.90 元

购书咨询：(010) 88819926　电子邮箱：club@fltrp.com
外研书店：https://waiyants.tmall.com
凡印刷、装订质量问题，请联系我社印制部
联系电话：(010) 61207896　电子邮箱：zhijian@fltrp.com
凡侵权、盗版书籍线索，请联系我社法律事务部
举报电话：(010) 88817519　电子邮箱：banquan@fltrp.com
法律顾问：立方律师事务所　刘旭东律师
　　　　　中咨律师事务所　殷　斌律师
物料号：304360001

Where the Mind Opens

Qian Zhaoming Essays of the 1980s

Zhaoming Qian

Foreign Language Teaching and Research Press

从教 50 周年

献给恩师王佐良、许国璋

目录

代序

/ 殷企平

钱兆明先生是我敬仰的师友。第一次听到学界对他的评价，是从美国艺术与科学院院士、斯坦福大学教授玛乔瑞·帕洛夫（Marjorie Perloff）那里。那是 11 年前，帕洛夫教授以中美诗歌诗学协会主席身份首次访华。在一次交谈中，她称兆明先生是当今世界现代主义研究领域屈指可数的学者。

自从 2011 年有幸聘请兆明先生来杭州师范大学担任钱塘学者特聘教授以后，更是得以时时聆听他对最新文学批评理论、对英美现代主义诗歌的独特见解。现在外语教学与研究出版社推出兆明先生在 20 世纪 80 年代的论文合集《若谷编》，这自然是件大好事。

兆明先生早年师从中国外语界泰斗王佐良教授和许国璋教授，专攻中英比较文学，并协助许国璋先生和王佐良先生编撰重要学术刊物，如《外语教学与研究》、《文苑》和《外国文学》

等。1986 年，兆明先生留洋深造。1991 年，他在杜伦大学获英美文学博士学位。从那以后，他历任耶鲁大学"H. D."研究员、耶鲁大学比较文学研究员、新奥尔良大学校级首席教授、浙江大学永谦讲座教授、杭州师范大学钱塘学者特聘教授等职，现任杭州师范大学"马云教育基金"讲座教授。

在英美文学研究领域，兆明先生成绩斐然。他曾荣获多项美国国家级人文、哲学等研究基金，著有 60 余篇学术论文、12 部学术专著，其中英文学术专著中 2 部已有中译本。他的代表作《"东方主义"与现代主义》（*Orientalism and Modernism*，1995）、《现代主义与中国美术》（*The Modernist Response to Chinese Art*，2003）赢得学界盛赞。赞赏兆明先生在这两部专著中提出的有关"东方主义"与现代主义理论的除了帕洛夫，还有美国现代主义研究泰斗休·肯纳（Hugh Kenner）、牛津大学教授罗纳德·布什（Ronald Bush）和耶鲁大学教授帕特丽夏·威利斯（Patricia Willis）等。此次论文合集的发表，是对兆明先生学术生涯的一次总结，同时也标志着国内学术界对他的肯定。

兆明先生对我说：出此合集的目的有二。

首先，是颂扬许国璋、王佐良二师注重功底（而非功利），注重培养独创性、想象力的教育思想和让学生在游泳中学会游泳的教育方法。现在可能很少有人还会让专攻文学的学生在攻文学的同时钻研语言学；读了《环境和语义》一文，你或许会认同语义学对文学研究的好处；其中第四节"语体风格环境和语义"你或许有兴趣看。

其次，许国璋、王佐良二师特别注重培养学生的批评能力，这对兆明先生赴美后读博、创业有很大的好处。青年强，则国家强。在怀念并赞赏许国璋、王佐良二师的同时，也希望学海初航的青年读者学到一些他们俩提倡的教育思想和治学态度。

事实上，兆明先生的每篇论文都值得读。限于篇幅，我只着重谈一下论文合集中涉及语义学与文学之间关系的部分。关于语义学研究对文学研究的裨益，我选择三个方面来领会。

其一，话语节律是语音的重要组成部分。话语的内容和情感离不开语音的传达，即使是默读文章、进行思考，以至写作，也是在脑子里"听见"了自己的语音，总之，听、说、读、写都离不开语音，而语音必定包括节律。该书中《环境和语义》一文论述了有声语言的轻重断续，抑扬顿挫贯彻始终。重读不同，意义迥异。延长语音具有表达殊义的功能。停顿可引起注意；停顿还可转义。先生强调指出，运用特殊语调是最复杂的语音表意手段，同一句子语调不同，其意义近乎异文。他还特别指出语调的功能有待专著探讨，我以为十分必要。

朗诵是领会文学风格意义的必需手段，需要发挥节律的作用。曾国藩在《家训》里说："凡作诗最宜讲究声调，须熟读古人佳篇，先之以高声朗诵，以昌其气；继之以密咏恬吟，以玩其味。二者并进，使古人之声调拂拂然若与我喉舌相习，则下笔时必有句调奔赴腕下。诗成自读之，亦自觉朗朗可诵，引出一种兴会来"。

"昌其气"的"气"指文气，与节律有关。"气"中既有道德因素的贯注，又有源于个性禀赋和社会实践的精神气质、情感力量，而且在某种程度上说，后者的比重要更大一些。这种"气"

喷薄而出，就有动人的力量。"密"谓稠密，引申为频发。"恬吟"就是心神安适地诵读，从这样的诵读中细细体味作品的意味。高声朗诵和密咏恬吟并进，使古人的节律像微风拂动，我的喉舌和他人的喉舌形成互动。

《环境和语义》指出：要发掘文学的风格意义必须靠反复诵读和运用形象思维，到作品的深处去寻觅。诵读数遍，我们便会发现靠形象打破词语的常义，靠形象建立词语的新义，作品里的形象一旦在我们脑中再现，风格意义就浮现了。探索风格也要了解作者的经历和他的全部作品和言论。

其二，关于社会文化环境和语义。《环境和语义》指出：一个民族的文化表现为该民族在社会历史发展中形成的独特风格与传统。民族文化对语义的影响极其深广。它给词语涂上了一层文化色彩，领会文化意义只能依赖对文化环境的了解。英语所包含的大量代表其文化传统的习语、成语、引语和典故，有的可追溯到希腊、罗马神话以及基督教的《圣经》，有的则出自文学著作，或来自电影、电视、流行歌曲和畅销书。我们纵然能从词典中查到某个谚语的通常意义，也未必能领会到它们背后隐含的深刻含义；有的词语在一般的词典中都不一定能查到。兆明先生的这段评论切中肯綮，对外语学科的学生尤其有指导作用。

其三，关于文学作品的风格。风格指文学创作中表现出来的带有综合性的特点。独创的风格是作家在艺术上成熟的标志。《环境和语义》论述了文学语言的风格意义。语言的表层有暗示与线索，作品中的变异和新颖可表现在用词上，也会体现在音韵上，还反映在形态上，表现在结构上。语言越新颖，它的新奇价值越高，传达的信息也越多。研究文学的语义，不妨从"新奇价值"入手，去探索它的形象意义、表情意义、修辞意义和风格意义。《环境和语义》还指出：由于文学家、诗人最富于想象，最善于创新，因而其创作具有最鲜明的语体风格，根据他们个人的想象赋予词语的新义，在作品深层包含着他们的风格环境，蕴藏着他们的形象意义、感情意义、修辞意义和风格意义。语义学上叫词语的偶有意义，只能靠研究文学家、诗人的语体风格，玩味作品的感情意境来领会。所有这些观点，如今仍然有着新鲜感、生命力。

当然，《若谷编》论文合集的价值远远超出了以上点评所说。我们在阅读兆明先生的论文时，不仅要关注他的学术观点，而且要学习他的独立思考精神和严谨的治学方法，以及他敢于挑战学术权威的勇气。1985 年，美国莎学版本学者盖里·泰勒宣布他所考证的一首落款"莎士比亚"的抒情诗确属莎士比亚本人创作。兆明先生认为，对一首仅 90 行的诗，撇开主题思想、情节来源、艺术手法等等，单凭对用词进行数据分析，显然不足以确证其为莎士比亚的诗。这首有争议的 17 世纪抒情诗居然被收入了"牛津版"单卷本《莎士比亚全集》（1986）。兆明先生在那年发表了向泰勒挑战的质疑文章，即引起英美莎学界的重视。19 年后，由于众多学者的批评，这首落款"莎士比亚"的抒情诗在牛津新版《莎士比亚全集》（2005）虽得以保留，却被明确标为"17 世纪被归为莎士比亚作的诗歌"。

去年，兆明先生在美国推出新著《东西交流与后期现代主义》（*East-West Exchange and Late Modernism: Williams, Moore,*

Pound，2017）。帕洛夫称之为东西文化交流、为现代主义研究"真正开辟了一条新径"。在当代东西文化交流史上，兆明先生的功绩不容忽视。值此《若谷编——钱兆明 1980 年代论文集》出版之际，谨向他表示敬意。

2018 年 2 月 18 日
于杭州紫桂花园

前言

　　《若谷编》共收 22 篇文章，分为语言编与文学编两编。语言编 10 篇文章，其中 3 篇探索英语阅读教学，一篇评介英国学者 H. G. 威多森有关交际教学法的论著（该文与胡曰健合著），一篇评介《朗曼当代英语词典》，一篇分享在美国读博、兼课的心得，4 篇或评汉语语法新著或论语义学的应用。文学编 12 篇文章，其中 6 篇评莎士比亚诗歌（包括其《十四行诗集》原著版本和中译本、《维纳斯与阿多尼斯》、《鲁克丽丝受辱记》等叙事诗），5 篇评英、美、爱尔兰现代小说家、诗人的佳作，一篇评 1980 年代国内外国文学期刊。

　　本书所收 22 篇文章中有一篇是新写的，一篇发表在 2008 年，其余 20 篇均为 20 世纪 80 年代发表。1986 年，我赴美读博士，主要研究方向从语义学和英国文艺复兴时代文学转到美国 20 世纪文学。1991 年在美国杜伦大学完成的博士论文题目为

《庞德与威廉斯现代主义诗歌中的中国元素》。这里，只有一篇新写的文章 "Teaching Ezra Pound's China-related Poems" 和一篇 1983年在《美国文学丛刊》上发表的《试析威廉斯的五首诗》与我近30 年的教学与研究直接有关。在本集中重印 20 篇 20 世纪 80 年代的文章是为了回顾我学术研究成长的过程——我当年在学海初航时涉猎过哪些课题，为以后学术研究做准备；同时也是为了追思北京外国语大学的导师怎样高瞻远瞩地培养我"学而有思、思而有创"、在游泳中学会游泳，从根基上为我以后的研究和创业做准备。

我要感谢许国璋教授和王佐良教授在我从事中西比较文学研究的初期为我引航。我也要感谢张志公教授、裘克安教授和周珏良教授在我"而立之年"为我护航。本书 22 篇文章中有 18 篇曾直接得益于这五位校内外教授的指导与帮助。这次结集出版也是为了怀念这五位德高望重、学识深厚的学术引航人。

语言学家张志公教授是人民教育出版社副总编、北京外国语大学特聘教授。1979 年，我夫人王美芳加盟人民教育出版社，我贸然托她的一位同事将自己评 1979 年吕叔湘《汉语语法分析问题》的一篇文章转呈张先生，请他指正。那位同事告诉我，张志公先生兼职多，大概不会有时间看。出乎意料，一周后张先生就约见我，并问我愿不愿意发表。三个月后，《<汉语语法分析问题>评介》就在首都师范大学学报刊出。那年，张先生《语法学习讲话》修订版出版。我又写了一篇书评，取题《评介<语法学习讲话>》。该文于 1981 年春在吕叔湘先生主编的《中国语文》上发表。1982 年 3 月，中国语言学学会召开首届学术研讨会。我在那次研讨会上的发言《用语义学的原理分析现代汉语》，三年后被张先生选入他主编的《语文论丛》第二辑。

许国璋教授是我 1978 年至 1980 年在北京外国语大学读研究生时的导师。我留校任教后，他让我关注一下英美等英语国家作为外国语的英语阅读教学。这激发我写了两篇文章：《训练阅读速度的几种方法》和《英美作为外国语的英语阅读教学》。1980 年和 1984 年，这两篇文章先后在《外语教学与研究》和《外国语》发表。许师历来不赞成学生亦步亦趋，盲目攀附。他本人对阅读教学的研究偏重于精读，见我另辟蹊径重点评介国外的速读与泛读教学，特别高兴。

这两篇文章或纯粹为综述、或近似于综述，都过多依赖第二手文献资料。本集第三篇涉及阅读教学的文章则不同。该文应北美现代语文协会出版社和加拿大学者纳代尔（Ira Nadel）与屈弗诺普勒斯（Demetres Tryphonopoulos）之邀于 2017 年撰写，虽也参考了一些最新的文献资料，主要却是我 1986 年至 2012 年在美国大学，2008 年至 2017 年在浙江大学、杭州师范大学教研究生和本科生阅读现代英语诗歌的经验总结。读者从中不仅能体察到中美两国本科生、研究生阅读教学的概况，而且能窥见我 32 年持之以恒就"美国现代主义诗歌中的中国元素"这一课题做科研之一斑。

对英语阅读教学的研究导致我对语义学产生了浓厚的兴趣。1980 年秋，美国一位语义学家应邀在上海复旦大学办了一期语义学讲习班。许师接到复旦大学外语系的请柬，就让我去参加。那期讲习班促使我返校后对语义学理论和应用做进一步的研究。

原载《外语教学与研究》1981 年第 1 期的《环境和语义》即是那次讲习班后进一步专研语义学的心得。原作有多处引文未注明出处，这里凡能找到出处的已一一补上脚注，找不到出处的则换了引文。

王佐良教授也是我读研究生时的导师。他创办的《外国文学》于 1981 年夏出了一期莎士比亚专号。那期的压轴戏是英若诚中译莎剧《请君入瓮》，重头文章包括许国璋选注琼森、弥尔顿、约翰孙等《莎士比亚十二赞》、周珏良的《＜麦克白＞的悲剧效果》和卡洛琳·魏克曼的《科利奥兰纳斯——莎翁笔下的一个讨嫌角色》。王师让我写一篇书评，评莎士比亚十四行诗的两个中译本，在同期刊出。王师是国内有名望的莎学家，让我评梁宗岱（1903–1983）和屠岸（1923–2017）译的莎士比亚十四行诗意义深远。他不仅给我指明了当时国内莎学研究中被忽视的一个领域，而且传授给了我科研定位的一个诀窍。新手入门该不该避开热门的英美诗人、作家？热门的英美文豪，评论得再多也有被忽略的层面，这些层面正等待着有志青年学者去攻克。那篇《评莎氏十四行诗中译本》的急就章果然引起了国内莎学界的注意。1981 年 11 月，梁宗岱先生发表《译事琐语》，大段引用我的评语，并说 1927 年法国作家罗曼·罗兰读了他法译《陶潜诗》后，也曾赞其"行文典雅、文笔流畅……译得好时不仅意到，而且形到情到韵到"。他总结自己译诗的经验为"反复吟咏……译者和作者的心灵达到融合无间，然后方能谈得上用精湛的语言技巧去再现作品的风采。"① 1982 年元月，时任人民文学出版社副总编的

① 梁宗岱：《译事琐语》，载 http://www.58dig.com/article/detail/1192。

翻译家屠岸约见了我，并赠送我一册他1981年夏刚出版的修订版《十四行诗集》。①26年后，中国埃兹拉·庞德研究学会成立，我与屠岸先生有缘，一起被聘为顾问，在北京召开的首届庞德研讨会上再次相晤（见文前第14张照片，首届庞德研讨会合影）。1982年秋，王师收到上海复旦大学外系已故教授戚叔含先生的家属寄来五首戚叔含译莎氏十四行诗稿。他将之转交我，并嘱咐我阅后写一篇评论，与五首译诗一起在《外国文学》上发表。1983年春，我口译班的一个学生带给我一册她舅父杨熙龄1980年出版的《莎士比亚十四行诗集》，希望我能评一评。1982年至1986年，我先后发表了《读戚译莎氏十四行诗》、《评布思新编＜莎士比亚十四行诗集＞》、《莎士比亚的十四行诗》和《新发现的一首"莎士比亚抒情诗"——评盖里·泰勒的考证》等4篇有关莎士比亚诗歌的文章。

　　1981年秋《外国文学》出了一期美国文学专刊。那期的重头文章是袁鹤年的《＜榆树下的欲望＞和奥尼尔的悲剧思想》。该期同时刊出了袁鹤年、李品伟译奥尼尔现代悲剧《榆树下的欲望》。20世纪上半叶美国最重要的小说家有海明威、福克纳和菲茨杰拉德。三杰中唯有菲茨杰拉德，因被认为是"垄断资本主义御用文人"而长期无人译介。在王师的鼓励下，我选译了他作为"迷惘的一代"的代表作《重游巴比伦》，在那期专号中刊出。1985年至1986年，我为刚开始欣赏英美文学原著的读者编了一

① 据《文汇报·读书周报》所载《屠岸与莎翁十四行诗》，2008年重庆出版社出版新一版《十四行诗集》，屠岸对其译又作了修改，"参考了布思注释本（1977）和钱兆明注释本（1995）"。详见http://tac-online.org.cn/ch/tran/2010-12/10/content_3890279.htm。

册英汉对照的《二十世纪英美短篇小说选》，每篇短篇小说前配有一篇 1,000 余字的短评。本集所收《菲茨杰拉德的名篇＜重游巴比伦＞》和《海明威的＜一个干净、明亮的地方＞》即为其中的两篇。

1982 年《外国文学》又出了一期爱尔兰文学专号。那期的篇目包括"九叶派"诗人兼翻译家查良铮（穆旦）译叶芝诗《1916年复活节》和《驶向拜占庭》、周珏良的《谈叶芝的几首诗》和张中载译理查德·艾尔曼《＜死者＞的创作背景》、袁鹤年（松延）译西恩·奥凯西两幕悲剧《枪手的影子》。那年正值纪念詹姆斯·乔伊斯 100 周年诞辰，王师让我从乔伊斯短篇小说集《都柏林人》中任选一篇译出，放在评论乔伊斯的文章前刊出。我选译了《都柏林人》的第三篇《阿拉比》。最近易立新在《王佐良：一个真正意义的文化人》中提到，王师在西南联大时期"翻译过乔伊斯的短篇小说集《都柏林人》。遗憾的是，当时正处于战乱时期，译稿不幸随战火化为灰烬。"[①] 本集所收《乔伊斯早年的短篇小说＜阿拉比＞》即取自拙编英汉对照《二十世纪英美短篇小说选》。

1984 年春季为配合筹建北京外国语大学外国文学研究所，王师决定创办一个有多种外国语的年刊《文苑》。许国璋教授、周珏良教授、吴千之教授和悉尼大学的韩礼德教授都为《文苑》创刊号写了长篇英文文章。王师鼓励我也写一篇评论，就评 20 世纪 80 年代国内新开创的 20 多种外国文学期刊。于是，"China's New Interest in Foreign Literature: A Survey of Translation

---

① 易立新：《王佐良：一个真正意义的文化人》，载《凤凰网读书》2012 年 8 月 9 日；http://book.ifeng.com/yeneizixun/special/fanyijia/detail_2012_08/09/16683959_0.shtml。

Periodicals"应运而生。

1983 年，我在《外国文学》上发表的两篇评莎士比亚十四行诗中译本的文章引起了翻译家裘克安先生的注意。他于 1980 年开始为国内大学本科生、研究生编辑一套《莎士比亚注释丛书》，至 1984 年已由商务印书馆出版《哈姆雷特》、《裘力斯·凯撒》、《仲夏夜之梦》、《第十二夜》等四种。他正愁找不到合适的学者注释《十四行诗集》，看到我在《外国文学》上发表的文章就把那项任务交给了我。拙注莎士比亚《十四行诗集》1990 年初版，印 8,500 册，因读者需要 1995 年和 1998 年又先后重印两次。1984 年载《外语教学与研究》的《评布思新编 < 莎士比亚十四行诗集 >》和 1986 年载《外国文学》的《莎士比亚的十四行诗》都是我注释莎士比亚《十四行诗集》的副产品。出国留学后，裘先生委托我又注释了一本莎士比亚《长短诗集》。收入本集的《莎士比亚长短诗》即为 2008 年商务印书馆出版的莎士比亚注释丛书《长短诗集》的《前言》。

说起《评布思新编 < 莎士比亚十四行诗集 >》，我要感谢周珏良教授对该文的审阅。该文初稿完成后，我曾请王师指正。当时，周先生刚从外交部调回北外不久。王师就把我的文稿直接转交周师，请他代审。周师对莎士比亚版本学有很深的研究，阅稿后召见我在他家客厅点评讨论近两个小时。记得我初稿仅轻描淡写地提到布思注释过于详尽，使读者不得要领。在周师的鼓励下，我又加了一段文字，更直接、更明白无误地批评布思版本的缺点在于注释"过于繁琐而不能令人信服"。

20 世纪 80 年代，北外英语系资料室就订有多种国外期刊。

我当时就是美国《大西洋月刊》与英国《泰晤士报文学增刊》的忠实读者。1980 年，我在《大西洋月刊》上读了当代英国作家 V. S. 普列契特（1900–1995）的短篇小说《海滨之行》，颇为欣赏。他清新、幽默的笔触诱导我去读了他 1979 年出版的短篇小说集《在悬崖边上》。1982 年，《外国文学》编辑部让我帮他们选几则英国当代作品，我就选了普列契特的《海滨之行》、《女儿回家》、《贵族》、《坎伯韦尔的美人》四则短篇小说，请北外英语系三位青年教师和一位校外人士分别译出。收入本集的《普列契特的短篇小说和他的风格》为应急短评，曾与这四则普列契特短篇小说译文一起在《外国文学》1982 年第 11 期中刊出。

1983 年，《大西洋月刊》刊出了美国纽约州立大学布法罗分校罗伯特·伯瑟尔夫（Robert Bertholf）教授新发现的五首威廉·卡洛斯·威廉斯即兴诗。刚好时任全国美国文学研究会理事的袁鹤年教授在客串编辑一期《美国文学丛刊》。我应邀为那期专刊译了那五首威廉斯即兴诗，并写了《试析威廉斯的五首诗》一文。三年后我赴美读博，威廉斯成了我博士论文现成的课题之一。1989 年 8 月，我去纽约州立大学布法罗分校访学、查资料，见到了该校图书馆诗歌文献资料馆馆长罗伯特·伯瑟尔夫教授。

英国牛津大学博得莱图书馆馆藏的《罗林荪藏本》收有一首题为《我应否去死？》、落款"莎士比亚"的九节抒情诗。1985 年，美国莎学版本学者盖里·泰勒用电脑统计数据考证其用词后宣布，它确属莎士比亚本人创作。他的考证发表在《泰晤士报文学增刊》上。撇开主题思想、情节来源、艺术手法等等，单凭用词数据分析显然不足以证明一首仅 90 行的诗为莎士比亚诗歌。

我给许师讲了自己与《泰晤士报文学增刊》等外刊上附和泰勒观点的文章截然不同的想法。他把我阐述观点时表现出来的质疑冲动、写作冲动称为"intellectual excitement",还说做学问就是需要有批评精神,有这种"intellectual excitement"。1986年春,我在《外语教学与研究》发表《新发现的一首"莎士比亚抒情诗"——评盖里·泰勒的考证》一文,向泰勒的考证挑战。泰勒考证发表不久,莎士比亚权威学者居然在"牛津版"单卷本《莎士比亚全集》(1986)里收入了《我应否去死?》。①2005年,"牛津版"《莎士比亚全集》再版,由于众多学者的批评,该诗虽得以保留,却被标明为"17世纪被归为莎士比亚作的诗歌"。我1986年附英文摘要、发表在《外语教学与研究》上的中文质疑文章,一发表就引起了国外学者的注意。1987年,美国莎学权威刊物、福尔杰莎士比亚图书馆的《莎士比亚季刊》即将《新发现的一首"莎士比亚抒情诗"》列入1986年《注释的世界莎士比亚研究参考书目》("Shakespeare: Annotated World Bibliography for 1986")。1986年《注释的世界莎士比亚研究参考书目》还一并列出了我《评莎氏商籁诗的两个译本》等4篇有关莎士比亚十四行诗的文章。②

凡事开头难,我创业也有一段艰难的历程。所幸的是,我遇到了当年国内外语界最卓越的老师。从1980年至1986年,我一直在许师和王师的指导下教英语阅读、翻译,编辑《外语教学与

---

① 参看*The Oxford Shakespeare: The Complete Works* edited by Stanley Wells and Richard Taylor (1986 & 2005). See also *The Norton Shakespeare: The Complete Works* edited by Stephen Greenblatt, Walter Cohen, Jean Howard, and Katherine Eisaman Maus (1997 & 2008).

② 参看*Shakespeare Quaterly* 38.5, p.660 (1599), p.792 (3643, 3644), p.793 (3651), and p.794 (3685).

研究》与《文苑》，讨论外语教学与研究中的种种敏感问题，不知不觉中学到了一套治学的方法。他们总是勉励我解放思想，做他们没有做过的课题，勉励我积极参加国内外的学术讨论，一方面要善于向同行学习；另一方面又要敢于发表不同意见、敢于向权威挑战。为了鼓励我"学而有思、思而有创"，培养我独立完成科研任务的能力，他们定下规矩，不审阅我的文稿，连他们委派我写的文章也不审阅。五六年间，许、王二师不断地给我布置新课题，不断地让我写书评、综述。从读书、思考到评论，从兼收并蓄到创新，所有的磨练都是积累与沉淀，它们有效地促进了我由暖身、试游到振臂畅游的迅速成长。

我赴美读博士能在短时间里定位攻美国现代主义诗歌中的中国元素，并在完成博士论文之前就在美国相关核心期刊发表其中的主要章节，与许、王二师八年的言传身教分不开。许师引导我做的语义学研究、王师引导我做的莎氏十四行诗中英版本比较，看似与我近 30 余年的研究方向无关。做这两个课题实际上却让我打下了中西比较文学的功底，从而为我在美国现代主义诗歌研究领域取得话语权作了必要的准备。

在做语义学和莎士比亚十四行诗研究的同时，我实际上已开始关注 19 世纪后期和 20 世纪初期的英美文学。1981 年拙文《环境和语义》用"语义成分分析法"分析的诗歌为 19 世纪后期诗人艾米莉·狄金森的名诗《精油被榨出——/ 那是玫瑰的精油》。狄金森的诗歌历来被英美现代主义诗人奉为楷模。威廉·卡洛斯·威廉斯用美式口语写诗、把诗行截短的本领最初就是从狄金森那里学来的。美国现代主义诗歌的先驱是华尔特·惠特曼和艾米莉·狄金森，英国现代主义诗歌的先驱则是托马斯·哈代和杰拉尔·曼利·霍普金斯。1986年，王师曾让我为《外国文学》译过10首哈代的诗歌。读博时我才认识到，他让我译哈代实际上为我从研究英国文艺复兴时代诗歌过渡到研究英美现代主义诗歌做了准备。至于现代主义小说，1981年王师即已引导我关注现代主义文学奠基人之一詹姆斯·乔伊斯的作品。1986年拙编中英对照《二十世纪英美短篇小说选》（1987）不仅收入了乔伊斯的《阿拉比》、菲茨杰拉德的《重游巴比伦》和海明威的《一个干净、明亮的地方》，还收入了英国现代主义小说家 D. H. 劳伦斯的《骑木马的获胜者》和英国作家、2007年度诺贝尔奖得主多萝西·莱辛的《到19号房间》。

1986年我赴美读博后，与北外两位导师保持了通信联系。1987年，许师在《外语教学与研究》上发表了我向他汇报读博第一学期选课、兼课情况的一封信。该文《在 Tulane 的第一学期》选入了本集第一编。1988年，王师让上海译文出版社给我寄来他主编、收有拙译哈代10首诗的《英国诗选》。这10首译诗中有3首——《呼唤声》、《写在"万国破裂"时》和《身后》——后来又被王师收入他的《英诗的境界》（北京：三联书店，1991）。这里，《呼唤声》、《写在"万国破裂"时》和《身后》三首拙译，按王师《英诗的境界》的做法，与哈代英文原诗一并收入附录一。1989年，我给王师寄去拙译庞德早期诗8首。《外国文学》1990年第一期即刊出了这8首拙译。此8首庞德译诗收入了本集附录二。

1991年，王师读了我一篇在美国核心期刊《帕杜玛》（*Paideuma*）

发表的、挑战日本庞德专家的文章，托外语教学与研究出版社（简称外研社）的林学洪总编辑给我来信，转达他的祝贺与期望。他祝贺我在西方现代主义诗歌领域为中国学者争得了话语权，并期待早日见到我"代表中国学者见解的大部头论著"。事实上，王师赏阅的那篇文章当时已收入我的博士论文，三年后成为我按其叮嘱完成的英文专著《"东方主义"与现代主义》（*Orientalism and Modernism: The Legacy of China in Pound and Williams*，1995）之一章。

1995 年元旦，我没有收到每年元旦殷切期待收到的王师的新年贺卡。正准备函告王、许二师英文拙著已为美国杜克大学出版社接受出版，噩耗传来，许师于 1994 年 9 月 11 日、王师于 1995 年 1 月 19 日先后驾鹤仙逝了。

拙著《"东方主义"与现代主义》出版的第二年，即 1996 年，书中提出的"东方文化与现代主义"的理念推动美国耶鲁大学召开了"现代主义与东方文化国际学术研讨会"。2003 年，弗吉尼亚大学出版社出版了我的第二部英文专著《现代主义与中国美术》（*The Modernist Response to Chinese Art: Pound, Moore, Stevens*, 2003）。次年，即 2004 年，英国剑桥大学举办"'东方主义'与现代主义"国际学术研讨会，亦即第二届"现代主义与东方文化国际学术研讨会"。2008 年，英国牛津大学出版社推出了我的第三部英文专著《埃兹拉·庞德的中国友人》（*Ezra Pound's Chinese Friends*）。2010 年，浙江大学、杭州师范大学、上海外国语大学和美国新奥尔良大学联袂在杭州召开了有东方六国学者、西方六国学者参加的第三届"现代主义与东方文化国际学术研讨会"。

没有北外导师务实而又有远见的引航，我就不会有以上这些学术成就。

这本早期论文合集的标题《若谷编》取自《道德经》第 15 章："旷兮其若谷"。"虚怀若谷"（have a mind as open as the valley）乃王佐良、许国璋二师一贯的教导。《若谷编》让我回到了 40 年前王、许二师引导我虚怀若谷的日子。结集重新发表我 1980 年代的文章，正是为了把这种精神传给外语界新一代学者。这就是本文集英文书名 Where the Mind Opens 的双重含义。

钱兆明

2018 年 2 月 16 日于美国加州弗里蒙特

第 一 编

听说世界上不少大学讲堂上，有心之人引导青年人认知语言和分析语言，作为人文科学研究的开端，作为一切科学研究的初阶，也作为文科学生理科化的触媒；我们怎样？

——《许国璋论语言》

1

训练阅读速度的几种方法

阅读理解与阅读速度是英语阅读的两项基本功。我们在英语阅读教学中历来十分注重培养学生的理解力，但是对于阅读速度的训练却往往缺乏相应的重视。其实，阅读理解与阅读速度是相辅相成的两个方面。应用语言学和心理语言学的研究证明：不仅加深理解可以加快读速，而且加快读速也能加深理解。[①] 一个迟钝的读者注意力往往集中于一个个单词或一句句单句，他体会不到词与词、句与句、段与段之间语义上和逻辑上的联系，因而把握不住全句或全文的涵义。一个熟练的读者顺着文章的内容流畅地阅读全文。他读的是文字，想的却是文字所蕴涵的思想，因而能更深刻地理解阅读的内容。况且，读得快就能读得多，读得多见识就广，语感就强，对语言的理解也必定更深。由此可见，阅

---

① 参看H.W. Seliger, "Improving Reading Speed and Comprehension," *ELT Journal* 27.1 (1972), pp.48–55.

读速度训练也是英语阅读教学重要的一环。现代的科学文化要求我们培养学生具有快速阅读、准确理解外文图书文献的能力。为此，我们的阅读教学必须在重视理解训练的同时，加强提高阅读速度的基本训练。

训练提高阅读速度的方法很多，下面介绍几种最常用、最有效的举措，供教师和自学英语的同志参考。

1. 视读短语（phrase reading）。视读短语是一种通过扩大视幅（eye span）训练速读的方法。视幅是决定读速的重要因素之一。一个熟练的读者视幅有 4-6 公分宽，这就是说他一目能看四五个字。初学者往往将视线投在每个单词上，因此一目只看一个单词。要扩大视幅就需要指导学生以短语为单位进行阅读。为此我们可以把句子分解成若干个短语段，一段一行排列起来，中间划一道垂直的灰线（因排版关系，下图用虚线代替——编者）让学生将视线投在灰线上，自上而下移动目光，进行默读。

:

Slow reading

:

is a major handicap

:

in university studies.

:

These exercises

:

are designed

:

to help you

:

to increase

:

the speed and accuracy

:

of your reading,

:

both required reading

:

and leisure reading.

国外现在一般都采用速示器（tachistoscope）或者投影器（overhead projector）作这种训练。其实利用幻灯机、生字卡或黑板也同样能做这种练习。

2. 默读。阅读有默读、低诵和朗读之分。一般而言，初级阶段的阅读课应该重点抓好朗读，以后则逐步过渡到部分默读和以默读为主。现在多数外语院校只抓朗读训练，不抓默读训练，结果使很多学生毕业时还保留着低诵的读书习惯。低诵不仅在图书馆和其他公共场所会影响别人学习，而且自己稍不专心就会形成假读（oral pseudo-reading），虽口中念念有词，心里却不知所云。再者，这种读法与朗读一样都大大减缓了阅读的速度。通常朗读与低诵的速度是每分钟 120–140 字，默读则是 200–300 字

（1/2–1页），最快能达到 3,000 字（10 页）。① 由此可见要增加读速还须加强默读训练。

我们认为精读课从大学二年级起就应指导学生进行默读，首先讲明好处，然后进行实践。学生默读时教师巡行其间，及时纠正低诵、斜视、摇头摆腿、瞻前顾后、回头读等不良的阅读习惯，指导他们真正不出声、不动唇、专心进行默读。默读训练一般须限时，一篇 1,000 字左右的课文可限定学生在四分钟内读完，以后逐步减少到三分半以至三分钟读完。这种训练每周可搞一次，每次只用三五分钟。坚持一年半载，学生就养成了默读的习惯。以后，读书看报一概默读，读速必定能大大提高。

3. 掠读与略读（scanning & skimming）。掠读（scanning）是训练快速查寻信息的一种方法，它要求读者带着具体的问题，迅速浏览全文，掠取所需的信息。做这种练习时教师先将拟好的问题抄在黑板上，然后把打印好的短文发给学生，限他们在一定的时间内读完，再回答提出的问题。扫读所限的时间一般很短，它迫使学生不仅要快速阅读，而且要自动控制读速；见无关紧要的文字一览而过，遇到相关的信息则减缓读速，以便在最短的时间内掠取所需的一切内容。这种训练不仅能提高学生阅读课文的效率，而且对他们以后从事的研究工作会有很大的帮助。略读（skimming）是训练快速领悟文献大意的一种方法。现在国外常借助教学电影、投影器等电教仪器来作这种训练。其实不用仪器同样可以训练略读。以下列举几种常用的练习方法。

---

① 参看 J. A. Bright & G. P. McGregor, *Teaching English as a Second Language*. London: Longman, 1970, p.96.

（1）在一分钟内读完文献指定的一个或几个自然段落；从中找出一个或几个恰当的词语，概括该段落的大意。

（2）在一分钟内读完文献指定的一个或几个自然段落；从中找出一句恰当的句子，概括该段落的大意。

（3）在一分钟内读完文献指定的一个或几个自然段落；用自己掌握的英语词汇归纳该段落的大意。[①]

前两种略读实际上与扫读相结合，它要求学生浏览指定的段落，领悟大意，并从中掠取概括大意的中心词或中心句。后一种略读是纯粹的略读。略读之后要自己归纳中心思想。这些练习一般都可利用课文来做。但利用课文，学生往往会预先作好准备，从而使略读训练流于形式。为了避免这种情况，教师可以从课外读物中选取材料，这样效果可能更好一些。

4. 计时阅读（timed reading）。计时阅读是测验学生阅读速度的一种方法。它的程序很简单：让学生默读一篇难度适当的短文，并回答十道多种选择理解题。练习时教师在一旁计时，根据每人读完的时间（学生读毕须举手向教师示意），算出他们各自的阅读速度。如果短文长 1,600 字，学生用四分钟读完，那么他的读速就是每分钟 400 字。选择理解题的用意是迫使学生在理解的基础上追求读速。选择题答对六道以上，测出的读速才是有效读速，否则成绩不计。这种练习每月可做一次，每次成绩登记列表，公布于众。这不仅便于教师掌握学生的阅读水平，有的放矢进行教学，而且也利于学生针对自己的情况加强训练，不断提高

[①] 参看David P. Harris, *Reading Improvement Exercise for Students of English as a Second Language*. Englewood Cliffs: Prentice–Hall, 1966.

阅读能力。

5. 语境悟意训练。经过以上几种训练，学生已初步掌握了速读的技能，这时影响他们读速的最大障碍恐怕是生词和习语了。有生词、有习语就需要查词典，查词典的次数过多书就读不快。要解决这个矛盾首先还需下功夫扩大词汇量，没有足够的词汇量是无法速读的。与此同时还须学会依据语境悟意，即根据上下文猜测生词的含义。每个人对本族语都具有语境悟意的能力。我们平时读中文书、中文报很少使用词典，照样能学到不少新词，就是靠这种能力。本族语既然可依据语境悟意，外国语也不应当例外，关键在于有没有这种习惯。

练习依据语境悟意的方式很多，有多种选择、填空、释义等等，例如：

（1）Using context clues:

A *dynamic* person can keep Washington affairs from becoming boring. Often, through his activity, he can become well known in a short time.

The best synonym for *dynamic* is

_____powerless   _____forceful

_____athletic   _____cheerful

（2）Explain the italicized words with definitions given in the context.

a）A number of languages of South Africa have *clicks*, a variety of popping sounds made by forming vacuums between the tongue and the hard or soft palate.

b）... result of *natural turnover*—the departure of workers through death, retirement, or voluntary decision to seek a job somewhere else, without any forced layoffs.

学生应当通过这些练习提高悟意的能力，在课外阅读时付诸实践。以后遇见生词，不忙于查词典，先凭上下文猜测意义；有些词语上下文并无说明，一时弄不懂词义也不用着急，以后出现几次，前后一对照，自然也会明白。一旦养成了习惯，悟意能力就会大大增强，阅读理解力和阅读速度也必定相应提高。

6. 泛读。泛读即课外阅读，它是我们学习语言、欣赏语言、扩大知识面的重要手段，也是综合训练阅读理解和阅读速度最自然、最有效的一种方法。如果把视读短语、默读、扫读和略读等基本训练比作练兵，那么泛读就是真刀真枪的打仗。要提高阅读能力最终还需要靠泛读。我这里所说的泛读，不仅指列入课表的泛读，它包括精读以外所有的英语课外阅读。以下就如何通过泛读提高阅读水平的问题谈三点看法。

（1）泛读教材要适合学生的水平。否则达不到学习语言、扩大知识面的目的。为此，教师应当定期向学生推荐适合于他们阅读水平的读物。由学生根据自己的程度和爱好从中选书阅读。这样既防止了学生盲目抓书读，也照顾了各人的特点。教师推荐的书应以当代英美原文为主，开始先选简写读物，以后由浅入深逐步过渡到原著。

（2）泛读教材要符合学生的兴趣。否则学生往往读不下去，也读不进去，加深理解与提高读速也就成了一句空话。20岁上下的青年学生兴趣爱好是多样的，我们向他们推荐的书决不能仅限于小说、戏剧、诗歌等文艺作品。除了书籍还可推荐报纸、杂志，论文集和资料选等也可以采用。这样大家读的书可能五花八门，各不一样，但由于每人都是读己所爱，因此读的速度一定很快，学到的东西也一定很多。

（3）检查泛读进度的方法要多样化。写读书报告、开读书讨论会是检查和促进泛读的有效措施，但是为了使学生多读、快读，接触更多的语言，学到更多的知识，也可让学生填读书报表。

例如：

Report Form

Author:＿＿＿＿＿＿＿＿＿＿＿＿＿＿＿＿＿＿＿＿＿

Title:＿＿＿＿＿＿＿＿＿＿＿＿＿＿＿＿＿＿＿＿＿＿＿

Place of story:＿＿＿＿＿＿＿＿＿＿＿＿＿＿＿＿＿＿

Date:＿＿＿＿＿＿＿＿＿＿＿＿＿＿＿＿＿＿＿＿＿＿＿

The hero:＿＿＿＿＿＿＿＿＿＿＿＿＿＿＿＿＿＿＿＿＿

The heroine:＿＿＿＿＿＿＿＿＿＿＿＿＿＿＿＿＿＿＿

Other characters:＿＿＿＿＿＿＿＿＿＿＿＿＿＿＿＿＿

＿＿＿＿＿＿＿＿＿＿＿＿＿＿＿＿＿＿＿＿＿＿＿＿＿＿

General comment:＿＿＿＿＿＿＿＿＿＿＿＿＿＿＿＿＿

＿＿＿＿＿＿＿＿＿＿＿＿＿＿＿＿＿＿＿＿＿＿＿＿＿＿

＿＿＿＿＿＿＿＿＿＿＿＿＿＿＿＿＿＿＿＿＿＿＿＿＿＿

此外，在聊天时询问学生课外阅读情况，也是一种简便而有效的检查方法。当然，问的问题一定要具体而难易度适当，要使看过书的人一听就明白，就能回答问题，没有看过书的人无法猜测内容。

原刊于《外语教学与研究》1980 年第 4 期

2

英美作为外国语的英语阅读教学

在英语作为外国语教学（TEFL）这个领域里，阅读是一个特别引人关注的课题。许多语言教育家在这方面发表过论文和专著。英美的语言教学期刊《英语教学杂志》（*ELT Journal*）、《他语人英语教育季刊》（*TESOL Quarterly*）等几乎每期必登一两篇有关阅读教学的文章；英国的文摘期刊《语言教学》（*Language Teaching*）则辟有专栏，经常摘录介绍最新阅读教学研究。这里涉及的许多问题是我们所关心的。本文试图就此课题作一客观综述，以期引起进一步探索的兴趣。

一、怎样编选教材？

怎样编选作为外国语的英语阅读教材？这个问题几十年来一直有人在探索。

在 20 世纪 60 年代以前研究者的注意力集中于语言标准。起初一些学者主张从词汇出发选材，后来有些研究者主张从结构出发选材。

从词汇出发选材是英语阅读教学的传统选材法。英国语言学家哈罗德·帕尔默（H. E. Palmer）很早就指出，必须极其审慎地选择词汇，使其只包含最常用、最典型的成分。[①] 他主张根据词的使用频率、组合功能、具体程度、词类比例和特殊需要等五项原则来系统地选编基本词汇。英国英语教材专家迈克·韦斯特（Michael West）则进而提倡用常用词编写简易读物作阅读教材。

在 20 世纪 40 至 50 年代，随着"听说法"的兴起，英语教材的重点由词汇转到了结构。新学派主张把阅读推迟到中级阶段以后开始。随之多数教材实际上并没有涉及阅读。以后查尔斯·弗里斯（C. C. Fries）等美国语言学家也编了一些阅读课文，但他们的原则是阅读教材"必须采用已经教过的（指听说教学中教过的）结构和词汇"，因此其语言仍未超出口语的范围。[②]

60 年代以后，语言教学研究中又先后出现了从情景出发选材和从功能出发选材的两种倾向。前者主张从真实的语言中选取材料，按生活的情景编成课文，培养学生活用语言的能力。后者则不仅强调教材要有真实性（genuineness），而且更强调它的实在性（authenticity）。英国学者威多森（H. G. Widdowson）指出，真实性只反映话语发出者实际使用语言的意图，而实在性则

---

① H. E. Palmer, *The Scientific Study and Teaching of Language*. London: George G. Harrap & Co., 1917, p.122.

② C. C. Fried, *Foundations for English Teaching*, Tokyo: Kenkyusha Ltd., 1961, p.377.

是话语接收者对它的反应。^① 他的支持者选编的教材一般以交际功能分单元，每篇阅读课文前有预备性练习，课文后有语言练习（activities），整个阅读过程又是一次实在的交际活动。

有关阅读选材的讨论很多年一直集中于语言标准问题。最近十多年研究者的注意力才开始转向社会、文化等非语言标准问题。例如美国学者苏尼斯（E. W. Thonis）就主张把选材标准分三类：语言、思想内容和文化影响。她认为语言标准不能代替思想内容或文化影响标准。外国学生学习英语的困难不仅来自语言，而且来自社会、文化差异。要帮助他们克服文化差异方面的困难就必须在选材时掌握好文化标准，使教材广泛而有代表性地体现英语国家的社会文化特点。^② 英国学者彼得·斯特瑞文斯（Peter Strevens）也认为教材需有广泛的代表性，他指出，"选材范围越广，教学效果越好"。^③ 此外有些研究者提议采取兼顾语言、文化两种标准的方法选材。美国学者马夸德（W. F. Marquardt）指出，不同的文体既反映不同的文化特色又体现不同的语言特点，因此可当作选材中兼顾两种标准的主要依据。^④

最近阅读选材的讨论还涉及到了学制、培养方向、教师水平等因素同教材的关系问题。很多学者强调编选教材必须考虑使用者的种种心理因素。这些心理因素包括但不限于他们的国籍、年

---

① H. G. Widdowson, *Explorations in Applied Linguistics*. Oxford: Oxford University Press, 1979, p.165.

② E. W. Thonis, *Teaching Reading to Non-English Speakers*. New York: Collier MacMillan, 1970, p.206-207.

③ Peter Strevens, *New Orientations in the Teaching of English*. London: Oxford University Press, 1977, p.26-27.

④ W. F. Marquardt, "Literature and Cross-Culture Communication in English for International Students," *The Florida FL Reporter* 5.2 (1967).

龄、性别、知识面、家庭背景、个人爱好、求学目的。他们认为教材只有符合学习者的兴趣、要求，才能调动他们的学习的积极性，产生理想的作用。

二、如何测定教材的适用度？

编排、使用教材需要先测定其适用度（readability）。这对作为外国语的英语阅读教学尤其重要。

20 世纪 20 至 30 年代，人们主要根据词汇频率测定教材的适用度。美国学者苏达克（Thorndike1932）在这方面作出了一定的贡献。[①]

40 年代以后很多研究者开始注意句法结构、语义特征同教材难度的关系。有些学者通过调查统计发现教材的语言难度主要取决于句子的长短和单词音节的多少：句子越长、单词音节越多，教材就越难；反之，句子越短、单词音节越少，教材就越容易。根据这个结论，美国研究者嘎宁（Gunning）提出了一个测定教材适用度的方法：从教材中任取三个有 100 个单词的段落，数出每段有多少句子，多少三个或三个以上音节的难词，根据每段句数计算出平均句长（多少个单词），这个数字加上平均每段难词数除以四，得出的数便是教材适用于哪个年级。[②] 阅读专家爱德华·弗赖（Edward Fry）根据同一结论设计出一个"阅读难度评估指示图"（Graph for Estimating Readability），也能测出教材

[①] 参看Edward Thorndike, *The Fundamentals of Learning*. New York: Columbia University Teachers College, 1932.

[②] 转引自A. K. Pugh, *Silent Reading*. London: Heinemann Educational Books, 1978, p.80–81.

适用于哪个年级。[①] 这些方法据说有一定准确性，但就是不涉及由文化差异引起的困难，因此主要限于评估英语国家国内教材时使用。

目前很多学者认为测定作为外国语的英语阅读教材适用度最有效的办法还是完形程序（cloze procedure）。这种练习既涉及语言难点，又涉及文化难点，测试客观、准确，同时设计、评分也比较方便。根据安德森（Jonathan Anderson）在 1971–1972 年作的调查，适于独立阅读的材料（independent level）测试者得分在53% 以上，适于教学用的材料（instructional level）测试者得分为44%–53%，因过难而不适于教学用的材料（frustration level）测试者得分不满 44%。近年人们用完形程序评估教材适用度时常参考这些数据。[②]

完形程序有各种不同的模式。美国学者鲍尔斯顿（Paulston）和勃鲁德（Bruder）提出，评估教材适用度最好用哈斯盖尔（Haskell）推荐的模式。[③] 那种模式规定测试材料长度为 250 词左右，第一句和最末一句保持句子完整，中间每隔五个单词留一个空（遇到数字、日期等则空下一个单词）。完形程序的计分方法有两种：一种以填写原文所用的词（exact word）算对，另一种除了填写原文所用的词算对外，填写同义词或"可接受的词"（acceptable word）也可算对。哈斯盖尔赞成用第一种方法，因为

① 转引自乐眉云《介绍一种测定英语教材难度的科学方法》，《外语教学与研究》，1983年第4期，第48页。

② Jonathan Anderson, "The Application of Cloze Procedure to English Learned as a Foreign Language in Papua and New Guinea," *ELT Journal* 27.1 (1972), p.66-72.

③ C. B. Paulston and M. N. Bruder,*Teaching English as a Second Language: Techniques and Procedures*. Cambridge, Mass.: Winthrop Publishers, Inc., 1976, p.160–61.

这样做干脆利落，便于计分。安德森没有说明他的调查采用了哪种计分方法，可是鲍尔斯顿和勃鲁德推测他可能用了第一种，因此她们提议评估教材适用度最好还是用第一种计分方法。[①]

三、朗读还是默读？

阅读课应该强调朗读还是默读？这个问题语言教育家争论了几十年。

H. E. 帕尔默认为朗读与默读适用于不同的教学目的："精读总是朗读，泛读一般默读"。[②]他的这个主张当时较有影响。以后结构主义者提倡"听说领先"，把朗读放到了更重要的地位。他们强调，教师"在布置学生读一篇材料时必先自己给他们朗读一遍（这个原则适用于各个阶段，尤其是初级阶段）"。[③]

20 世纪 60 年代随着心理语言学的兴起，许多专家开始探索阅读活动的实质。美国学者顾特曼（Kenneth Goodman）和史密斯（Frank Smith）根据各自的研究得出了相同的结论：朗读与其说是解码（decoding），不如说是重复代码（recoding）。[④]他们的理论对英语作为外国语的阅读教学产生了一定的影响。鲍尔斯顿和勃鲁德指出："阅读是典型的个人行为"，"其关键在于解码"，因此在阅读课上朗读完全是"浪费时间"。[⑤]约翰·伯莱

① C. B. Paulston and M. N. Bruder, *Teaching English as a Second Language*, p.162.
② H. E. Palmer, *English Intonation with Systematic Exercises*. Cambridge: W. Heffer & Sons Ltd.,1922, p.100.
③ C. C. Fried, *Foundations for English Teaching*, p.7.
④ 转引自 Paulston and Bruder, *Teaching English as a Second Language*, p.164。
⑤ 同上。

特（Bright）和古登·麦克戈瑞格（McGregor）认为朗读速度太慢，默读才是我们应当培训的有效阅读。[1] 威廉·佩吉（William Page）则用转换生成语法的理论分析阅读的悟意程序。他指出朗读有时会越过意义和知识这两个层面直接向语音表层转换，形成"假读"（oral pseud-reading）。[2] 这又为解释朗读中常见的读而不解其意现象提供了理论根据，从而反过来进一步证明了默读的重要性。

与此同时，还有一些研究者认为默读在阅读教学中固然重要，但朗读也有其特殊价值，它同样是不可缺少的。他们的一条理由是：朗读有助于语音、语调、口语训练，这些基本功对非英语国家的学生尤其要紧。[3] 他们的另一条理由是：教师可以根据学生的朗读作分析、评估，寻找出他们的问题所在。顾德曼（Y. M. Goodman）和伯克（C. L. Burke）于1972年发表了一份学生误读分析记录。[4] 此后，美国有许多人仿效他们作类似的"课文误读研究"。这又从一个方面肯定了朗读在阅读教学中的特殊作用。

然而，目前多数研究者仍倾向于强调默读而否定朗读在阅读课中的地位。有些教师认为朗读与培养能熟练阅读的人才不相干。[5] 有些教师不仅反对在课堂上朗读课文，而且还反对做练习

---

[1] J. A. Bright and G. P. McGregor, *Teaching English as a Second Language*. London: Longman, 1970, p.96.

[2] W.D. Page, "The Author and the Reader in Reading and Writing," *Research in the Teaching of English* 8 (1974): p.179–83.

[3] P. Gurrey, *Teaching English as a Foreign Language*. London: Longman, 1955, pp.98–100.

[4] 参看Y. M. Goodman and C. L. Burke, *Reading Miscue Inventory*. New York: Macmillan, 1972.

[5] 参看Gerry Abbott et al, *The Teaching of English as an International Language*, Glasgow & London: Collins, 1981, p.81.

时让学生朗读题目。[1] 英国阅读专家普尤（Pugh）则著书专门论述默读在教学中的重要性。[2] 现在人们的普遍看法是：阅读课应当着重抓好默读，朗读可以放到语音课去抓。

四、如何检查阅读理解？

很久以来人们便一致认为课堂提问是检查阅读理解最简便、最有效的方法。可是提问又可以有不同的形式和内容。

迈克·韦斯特（Michael West）很早就提出，检查理解的问题可以分阅读后问题（after-question）和阅读前问题（before-question）两大类。[3] 阅读后问题侧重于检查学生读没读课文与理解不理解课文；阅读前问题则是为了将学生的注意力引导到课文的重要方面，促使他们自觉检查阅读理解。后者实际上是一种有效的教学手段。

在韦斯特分类法的基础上，威廉·诺里斯（William Norris）又曾根据回答的语言形式和回答的内容与课文内容的关系把检查理解的问题进一步分成了五类：1. 在课文中可以找到现成答案、现成内容的问题，这类包括是非题（yes/no question），正误题（true/false question），多项选择题（multiple-choice question）等；2. 引用课文材料可以作回答的问题（通常是以 who，when，where，what 开头的特指问题）；3. 利用（而不是引用）课文材

① Paulston and Bruder, *Teaching English as a Second Language*, p.164.
② A. K. Pugh, *Silent Reading*. London: Heinemann Educational Books, 1978.
③ Michael West, *The New Method Readers (New Series): Companion to Reader 1B*. London: Longmans, Green, 1929.

料可以作回答的问题（通常是以 why 或 how 开头的特指问题）；4. 根据课文内容作出推测、思考的问题；5. 要求根据课外知识、经验对课文内容作出评估、判断的问题。[①]

近年来又有些学者主张把理解题划分为综合性问题（global question）和局部性问题（local question）两大类。综合性问题主要引导学生注意课文的整体结构、内容，如课文大意、基本观点、基本事实等等；局部性问题则检查学生对具体事实、具体论点及语句含义的理解。[②]

对于如何利用以上种种提问形式，语言教育家和教师曾发表过不同的看法。

英国学者帕希沃·嘎瑞（Percival Gurrey）提出，初级阶段课堂提问应力求简单，中级阶段以后才需涉及一定的思考和想象。[③]伯莱特和麦克戈瑞格认为向初学者提问重点应放在帮助他们搞清词语的所指、词语间的关系和与整体的关系等方面；中级阶段以后则应着重检查学生对含蓄意义的理解。[④]鲍尔斯顿和勃鲁德倾向于尽早开始用诺里斯所谓的第 4、第 5 类问题向学生提问。她们指出："推测性问题，讨论性问题，穿插一些涉及事实的问题，课堂时间用在这些方面才是最合理的"。[⑤]阿伯特（Abbott）等人则主张加强阅读前提问，他们认为这种形式最利

---

① William Norris, "Teaching Second Language Reading at the Advanced Level: Goals, Techniques, and Procedures," *TESOL Quarterly* 4.1 (1970): 28–29.

② 参看W. W. S. Bhasker and N. S. Prabhu, *English through Reading*. London & Basingstoke: The Macmillan Press Ltd., 1975.

③ P. Gurrey, *Teaching English as a Foreign Language*. London: Longman, 1955, p.101–102.

④ J. A. Bright and G. P. McGregor, *Teaching English as a Second Language*, p.87–88.

⑤ C. B. Paulston and M. N. Bruder, *Teaching English as a Second Language*, p.166–167.

于促使学生积极思维，加强阅读理解。[①]

H. G. 威多森专门分析比较过以上提到的几种提问形式。他认为特指问题、是非问题是外向的、社交的；正误题、多项选择题是内向的、心理上的。外向的问题要求学生用话语作回答，因而可能将注意力从培养阅读理解力转移到造句、作文等方面；内向的问题无须发语回答，但其中的多项选择题又可能将学生的思路引到与课文无关的各选择句上去。由此看来，只有正误题才是纯粹检查阅读理解的，但它就是太容易，即使不动脑筋也有做对一半的把握。

为了促使学生动脑筋思考，威多森提议把正误题插到课文各个段落之后，附上一些辅助题，要求学生做解释性回答（explanatory solution）；另外再设计一些联系上下文的练习（contextual reference exercise），让学生从课文中找出代词的所指，或同义表示法等等。[②]

最近十多年，许多学者、教师提出，检查阅读理解的形式不应限于课堂提问，很多别的方式同样可以用于达到这个目的。例如，琼斯玛（E. Jongsma）指出完形程序是检查非本族语学生阅读理解的可靠手段，拜恩（Donn Byrne）认为翻译练习利于加深理解，也是检查理解准确与否的有效方式；菲诺契阿洛（Mary Finocchiaro）主张让学生多做摘要练习；麦克金里（McGinley）提议让学生重新组织段落；而顾德曼与伯克（Goodman and

---

① Gerry Abbott et al., *The Teaching of English as an International Language*, p.91.
② H. G. Widdowson, *Teaching Language as Communication*. Oxford: Oxford University Press, 1978, p.95–100.

Burke）的误读研究又证明误读分析也可以用于评估阅读理解。[①]
目前的倾向是注意调动学生的积极性，因而还有好多教师建议让
学生扮演课文中出现的不同角色，把全班分成几组展开讨论，根
据课文阐述的观点分组辩论。他们认为这种活动不仅有利于活跃
课堂气氛，而且也能加深和检查阅读理解。

五、阅读速度还是阅读效率？

20 世纪 60 年代英美（尤其是美国）建立了不少专门研究速
读和速读训练的机构，十多年内出了许多理论书和教科书，如爱
德华·弗里（Edward Fry）的《更快地读：练习册》（1963），曼
雅和埃里克·德·里沃（Manya De Leeuw & Eric De Leeuw）的
《更好地读，更快地读》（1965），杰拉尔德和维维恩·莫斯巴克
（Gerald Mosback & Vivienne Mosback）的《实用快速阅读》（1978），
韦德·卡特勒（Wade E. Cutler）的《将你的阅读速度提高两倍》
（1978），米勒和斯提伯（W. M. Miller & Sharon Steeber）的《更
快地读、更深地理解》（1979）等等。[②] 这些书曾被一些学校用

---

① E. Jongsma, *The Cloze Procedure as a Teaching Technique*. Newark, Del: Internatioanl Reading Association, 1971; Donn Byrne, *English Teaching Extracts*. London: Longman, 1969, p.93; Mary Finocchiaro, *Teaching English as a Second Language: From Theory to Practice*. New York: Regents Publishing, 1974, p.50; Kevin McGinley, "Reforming the Paragraph," *ELT Journal* 37. 2 (1983), p.150–154; Y. M. Goodman and C. L. Burke, *Reading Miscue Inventory*. New York: Macmillan, 1972.

② Edward Fry, *Reading Faster: A Drill Book*. Cambridge: Cambridge University Press, 1963; Manya De Leeuw and E. De Leeuw, *Read Better, Read Faster: A New Approach to Efficient Reading*, New York and London: Penguin Books, 1965; Gerald Mosback and Vivienne Mosback, *Practical Faster Reading*. Cambridge: Cambridge University Press, 1978; Wade E. Cutler, *Triple Your Reading Speed*. New York: Arco Publishing Company Inc., 1978; W. M. Miller and S. Steeber, *Reading Faster and Understanding More*. Cambridge, Mass.: Winthrop Publishers, Inc., 1979.

来训练非英语国家学生快速阅读。例如，英国的希尔（J. K. Hill）在《英语教学杂志》上报道，他们用《更好更快地读》作课本训练比利时学生速读，取得了显著的成绩。[1]

训练速读有许多方法，其中最普遍、最常用的是视读练习（perception drills）和计时阅读（timed reading）这两种。

多年来，不少专家认为快速阅读最好从视读成组的印刷符号练起：先视读无意义的字母组合（如 tth, bmi, svyul 等），再视读单音节的词、多音节的词，逐步过渡到视读由几个词构成的短语。最早提出并设计这种练习的可能是美国的匹特金（Walter Pitkin）。[2] 他编的练习册有时一页只印一个短语。20 世纪 60 年代乃至 70 年代有不少人仿效他搞所谓"成组视读"训练。他们虽然没有照他一页印一个短语，可也常将短语排成一行，中间划一虚线（或加上黑点），让练习者顺着虚线（或黑点）练习视读。有些研究者还采用速示器（tachistoscope）作辅助。这样练习据说有助于扩大视幅（eye span）、缩短定视时间（fixation）。有些学者对此表示怀疑，例如《更好地读，更快地读》的作者德·里沃就用了几页篇幅说明视读练习与训练速读不相干。最近瑞戈和希克（Raygor & Schick）也指出，一目看数词或数行的说法是没有根据的。[3]

训练速读更普遍的方法是计时阅读。这种练习不仅强调速度，而且强调理解。通常每篇教材后面附有读速表（time-rate

[1] J. K. Hill, "Effective Reading in a Foreign Language," *ELT Journal* 35. 3 (1981), p. 270–81.

[2] Walter Pitkin, *The Art of Rapid Reading*. New York: McGraw-Hill Book Company, 1929.

[3] A. L. Raygor and G. B. Schick, *Reading at Efficient Rates*. New York: McGraw-Hill Book Company, 1981, p.48.

table），可以换算出每分读速（WPM），还有十道或十五道多项选择理解题，可以测定阅读者的理解力。60 年代后期教学科研证明阅读理解和阅读速度是相互促进的两个方面（Selger, 1972: 48）。[1] 于是设计者开始更注意理解技巧的训练。例如 1978 年莫斯巴克夫妇编的《实用快速阅读》有 30 篇计时阅读材料，每篇后面除了有 10 道选择理解题外，还有 10 道词汇练习题和一些填空或要求概括段落大意的练习。1979 年米勒和斯提伯编的《更快地读，更深地理解》则还有一些要求根据词缀或根据上下文猜测词义、搜寻主题句（topic sentence）和具体信息的练习。

速读训练盛行于 20 世纪 60 年代至 70 年代初，最近 10 年其呼声已见减弱。有些研究者对单纯强调速读提出了质疑，例如英国的普尤（Pugh）明确指出速读训练在某些阶段是无益的、不可能的；此类研究者设计的评估方法受到种种可变因素局限，因此常常给人以错误的印象。[2] 现在更吸引人的口号是提高阅读效率，而不是单纯加快读速。那就是说要学会根据不同的目的用不同的方法阅读。

普尤从阅读目的出发把阅读分为五种：

1. 掠读（scanning）：为查寻具体信息（如日期、数字、关键词等）而读；2. 查阅（search reading）：为查寻有关某个题目的观点、事实、材料而读；3. 略读（skimming）：为了解大意而读；4. 接受性阅读（receptive reading）：为获取材料的详细内容

---

[1] H. W. Seliger, "Improving Reading Speed and Comprehension," *ELT Journal* 27. 1 (1972), p.48–55.

[2] A. K. Pugh, *Silent Reading*, London: Heinemann Educational Books, 1978, p.49, 62.

而读；5. 思考性阅读（responsive reading）：为参考所读材料进行思考、判断而读。他主张用不同的方法、不同的速度作各种不同的阅读。

最近几年英美出的阅读训练书都开始强调灵活控制读速。例如瑞戈和希克编的《用最有效的速度阅读》就用了一半的篇幅训练随目的而变动读速的能力。它时而要求学生以每分钟800-1000词的速度掠读选文，搜寻有关信息；时而又要求他们以每分钟160-300词的速度仔细研读全文，回答具体的理解性问题。[1] 现在还有一些阅读课本不仅要求学生学会掠读、略读、一般快读等基本技能，而且要他们掌握罗宾森（Francis P. Robinson）三四十年前提出的所谓"浏、问、读、背、习"五步阅读法（SQ3R Method），即先将材料浏览一遍（Survey），再向自己提出几个问题（Question），然后仔细阅读全文（Read），下来记下重点内容（Recite），最后再重读一遍作为复习（Review）。[2] 米勒和斯提伯的《更快地读，更深地理解》有一个单元专门介绍这种方法，还设计了一些题目作练习。[3] 这样阅读训练既抓了快速阅读又抓了反复研读，涉及面就更广泛了。

主要参考书目

Abbott, G. et al. *The Teaching of English as an International Language*. Glasgow & London: Collins, 1981.

①   A. L. Raygor and G. B. Schick,*Reading at Efficient Rates*, 1981.
②   Francis Pleasant Robinson, *Effective Study* (6th ed.), New York: Harper & Row, 1978.
③   W. Miller and S. Steeber, *Reading Faster and Understanding More*, 1979, p.162–178.

Anderson, J. "The Application of Cloze Procedure to English Learned as a Foreign Language in Papua and New Guinea." *ELT Journal* 27.1（1972）, p. 66–72.

Bhasker, W. & N. Prabhu, *English through Reading*. London & Basingstoke: The Macmillan Press Ltd., 1975.

Bright, J. A. & G. P. McGregor. *Teaching English as a Second Language*. London: Longman, 1970.

Byrne, D. *English Teaching Extracts*. London: Longman, 1969.

Cutler, W. E. *Triple Your Reading Speed*. New York: Arco Publishing Company Inc., 1978.

De Leeuw, Manya & E. De Leeuw. *Read Better, Read Faster: A New Approach to Efficient Reading*. New York and London: Penguin Books, 1965.

Finocchiaro, M. *Teaching English as a Second Language: From Theory to Practice*. New York: Regents Publishing, 1974.

Fries, C. C. *Foundations for English Teaching*. Tokyo: Kenkyusha Ltd., 1961.

Fry, E. *Reading Faster: A Drill Book*. Cambridge: Cambridge University Press, 1963.

Goodman, Y. M. & C. L. Burke. *Reading Miscue Inventory*. New York: Macmillan, 1972.

Gurrey, P. *Teaching English as a Foreign Language*. London: Longman, 1955.

Hill, J. K. "Effective Reading in a Foreign Language." *ELT Jour-*

nal 35. 3（1981）, p.270–281.

Jongsma, E. *The Cloze Procedure as a Teaching Technique*. Newark, Del: Internatioanl Reading Association, 1971.

McGinley, K. "Reforming the Paragraph." *ELT Journal* 37. 2（1983）, p. 150–154.

Miller, W. & S. Steeber. *Reading Faster and Understanding More*. Cambridge, Mass.: Winthrop Publishers, Inc., 1979.

Mosback, G. and Vivienne Mosback. *Practical Faster Reading*. Cambridge: Cambridge University Press, 1978.

Norris, W. "Teaching Second Language Reading at the Advanced Level: Goals, Techniques, and Procedures." *TESOL Quarterly* 4.1（1970）: 28–29.

Page, W. D. "The Author and the Reader in Reading and Writing." *Research in the Teaching of English* 8（1974）, p.179–183.

Palmer, H. E. *The Scientific Study and Teaching of Language*. London: George G. Harrap & Co., 1917.

Paulston, C. B. & M. N. Bruder. *Teaching English as a Second Language: Techniques and Procedures*. Cambridge, Mass.: Winthrop Publishers, Inc., 1976.

Pitkin, W. *The Art of Rapid Reading*. New York: McGraw–Hill Book Company, 1929.

Pugh, A. K. *Silent Reading*. London: Heinemann Educational Books, 1978.

Raygor, A. L. & G. B. Schick. *Reading at Efficient Rates*. New

York: McGraw–Hill Book Company, 1981.

Robinson, F. P. *Effective Study* (6th ed.) . New York: Harper & Row, 1978.

Seliger, H. W. "Improving Reading Speed and Comprehension." *ELT Journal* 27. 1 (1972) , p. 48–55.

Thonis, E. W. *Teaching Reading to Non-English Speakers.* New York: Collier MacMillan, 1970.

Strevens, Peter. *New Orientations in the Teaching of English*. London: Oxford University Press, 1977.

Widdowson, H. G. *Teaching Language as Communication*. Oxford: Oxford University Press, 1978.

——. *Explorations in Applied Linguistics*. Oxford: Oxford University Press, 1979.

乐眉云《介绍一种测定英语教材难度的科学方法》,《外语教学与研究》, 1983 年第 4 期, 第 47–49 页。

原刊于《外国语》1984 年第 1 期

3

Teaching Ezra Pound's China-related Poems

In a globalizing age it seems less and less justified to study American literature in isolation from the rest of the world. Our students growing up in the 21st century are instantly exposed to the entire world—Europe, Asia, Africa, Oceania, and the Americas—through streaming video, internet search, and social—media music and sports journalism. It is no longer possible for anyone to ignore the global vision of American literature. Within American literature are worlds beyond the U.S. borders and across the Atlantic, the Pacific, and the Gulf of Mexico. American literature is essentially transatlantic, transpacific, and/or hemispheric.

Going for the new and the other has been a national character of the United States. This is especially true of American literary masters from Herman Melville to Toni Morrison and from Edgar Allan Poe to

Ezra Pound. Within Ezra Pound's poetry and prose are various "other" worlds, including that of China in addition to those of ancient Greece, medieval Provence, and modern France. For Pound China is "a new Greece", an interesting and dynamic model, that would bring about a renaissance in twentieth-century Europe and America.[1] Indeed, China is crucial to Pound's development from Imagism to Vorticism, and from early modernism to high modernism. Pound's China-related poems should not be avoided in a literature class at the graduate level; nor should they be avoided in a literature class at the undergraduate level.

In this essay I intend to show in two separate sections how I introduce undergraduate and graduate students respectively to Pound's "China" and early modernism by teaching his *Cathay* poem "The River-merchant's Wife: A Letter." In a third section I shall demonstrate how I lead discussions of Pound's Canto 49 at the graduate level, discussions of his use of the "ideogrammic method" and his delving into the world of East Asia at once through textual, visual, and interpersonal means.

---

[1] Ezra Pound. *Literary Essays*, ed. T. S. Eliot. New York: New Directions, 1968, p.215; hereafter cited as *LE* in parentheses.

Teaching "The River-Merchant's Wife" at the Undergraduate Level

In an undergraduate introduction to poetry or American literature class, "The River-merchant Wife: A Letter" from Pound's *Cathay* (1915) may be used along with his other poems of the 1910s to teach Imagism. Pound's early masterpiece *Cathay* owes a heavy debt to Ernest Fenollosa (1853–1908), a Harvard-trained scholar who spent fifteen years in Japan teaching Western philosophy and studying East Asian art and literature. He died of a heart attack in 1908, leaving to his widow Mary Fenollosa ample notes for a Chinese poetry anthology, a Japanese Noh drama anthology, and an essay on the Chinese character. It was Pound's "In a Station of the Metro" in the April 1913 *Poetry* that convinced Mary Fenollosa to choose him as her late husband's literary executor. Out of Fenollosa's Chinese poetry notes Pound made *Cathay*. "In a Station of the Metro" ("The apparition of these faces in the crowd;/Petals on a wet, black bough."), the haiku-like poem that helped Pound win Mary Fenollosa's trust, may serve as an excellent example of Imagist poetry; but this one-image poem does not tell us all about Pound's Imagist principles: "Direct treatment of the 'thing,' whether subjective or objective" ; "To use absolutely no word that does not contribute to the presentation" ; and "As regarding rhythm: to compose in sequence of the musical phrase, not in sequence of the metronome" (*LE* 3). To learn more about the workings of the Imagist principles, our millennial students should move from the metro poem to "The River-merchant's Wife." It is in the latter that the Image—a flower, a lowered head, the river of swirling eddies, or a pair of butter-flies—really comes to their mind as "the speech itself, " and a cluster of pictures corresponding to dynamically related, shifting sensations—innocence, shyness, love, and desperation—become "a VORTEX, from which, and through which, and into which, ideas are constantly rush-ing." [1]The poem's swiftly changing moods are easily accessible through its swiftly changing images. "The River-merchant's Wife" can be used more effectively than most other Pound poems to teach Vorticism, a term Pound and his fellow Vorticists used to refer to advanced Imag-ism or intensified Imagism. A close reading of "The River-merchant's Wife" will help our students understand what Pound means by "a VORTEX, from which, and through which, and into which, ideas are constantly rushing" (GB 92).

Pound's poetry should be taught beside his critical prose. Two Pound texts of particular importance to the reading of his China-related poems are "Vorticism" (1914) and "Chinese Poetry" (1918). In "Vorticism" Pound spells out his Imagist and Vorticist doctrines; and in "Chinese Poetry" he makes clear why he translates Chinese poetry: it is "because Chinese poetry has certain qualities of vivid presentation; and because certain Chinese poets have been content to set forth their mat-

---

[1]   Ezra Pound. *Gaudier Brzeska*. New York: New Directions, 1970, p.92; hereafter cited as GB in parentheses.

ter without moralizing and without comment that one labors to make a translation." [1] For Pound, Chinese poetry's lively images, what he calls "Phanopoeia", can be translated without much difficulty, whereas Chinese poetry's melodic property, what he calls "Melopoeia", is hardly translatable (*LE* 25). Accordingly, in selecting poems from Fenollosa's Chinese poetry notes, Pound kept only those that mirrored and challenged his Imagist principles, and in re-creating them he focused almost entirely on their "vivid presentation". As a result, despite numerous misrepresentations, Pound succeeds in recapturing the poems' overall sense and sentiment, disregarding their "rhymes" and "tones" while following their verbal constructions and methods of presentation.

Teaching "The River-Merchant's Wife" at the Graduate Level

Whereas we focus on Imagism and Vorticism when teaching "The River-merchant's Wife" at the undergraduate level, we need to address several other contextual dimensions when teaching it at the graduate level. In a graduate class, I usually require students to read half a dozen *Cathay* poems before exploring two or three of them in the classroom. "The River-merchant's Wife" and "Lament of the Frontier Guard" are

---

[1]   Ezra Pound. *Ezra Pound's Poetry and Prose Contributions to Periodicals*, vol. 3, ed., Lea Baechler, Walter Litz, and James Longenbach. New York: Garland, 1991, p.84; hereafter cited as EPPC3 in parentheses.

suitable texts for this purpose. Both poems are in *The Norton Anthology of Modern and Contemporary Poetry*, volume I. With tools such as my Introduction to Ezra Pound's *Cathay*: The Centennial Edition (New York: New Directions, 2015)and Ira B. Nadel's *Cathay: Ezra Pound's Orient* (Beijing: Penguin Books, 2015), students should be able to present the poems' background, situating them not only in their Imagist/Vorticist context but also in their anti−war and modernist, "Make−it−New" contexts.

Prior to their publication in a slim volume by Elkin Mathews of London, Pound had sent versions of "Lament of the Frontier Guard" and other anti−war *Cathay* poems to fellow Vorticist Henri Gaudier−Brzeska (1891–1915)then fighting in the trenches of World War I. The soon−to−be−killed French sculptor wrote Pound after reading them: "The poems depict our situation wonderfully" (*GB* 58). With the World War I context in mind, our millennial students will acquire a better understanding of the anti−war emotion expressed in such lines as "Bones white with a thousand frosts,/High heaps, covered with trees and grass" (*Cathay: Centennial Edition*38), an emotion shared by the 8th-century Chinese poet Li Bai ("Rihaku" in Japanese) and Pound.

In providing the background against which *Cathay* was made, the instructor should be wary of two tendencies: one is to take *Cathay* as a pure translation and the other is to consider it as pure original poetry. He or she might open a class discussion by asking the question, "Is *Cathay* pure original poetry?" Students in favor of *Cathay* as a trans-

lation will cite Pound's consistently retained subtitle "TRANSLA-
TIONS BY EZRA POUND FOR THE MOST PART FROM THE
CHINESE OF RIHAKU, FROM THE NOTES OF THE LATE
ERNEST FENOLLOSA, AND THE DECIPHERINGS OF THE
PROFESSORS OF MORI AND ARIGA" (*Cathay: Centennial Edi-
tion* 25). Others in favor of *Cathay* as Pound's original poetry will call
attention to the fact that it appears along with Pound's re-creation of
the Anglo–Saxon "Seafarer" both in the original *Cathay* and in *Selected
Poems of Ezra Pound*. A few students who have compared Pound's text
to Fenollosa's corresponding notes, however, will approve of neither
view. As their comparison will reveal, some of Pound's lines are highly
inventive whereas others are quite close to the word–for–word transla-
tion provided by Fenollosa. T. S. Eliot aptly asserts in his introduction to
Selected Poems of Ezra Pound (1928) that to consider Pound's "original
work and his translation separately would be a mistake." [1] In "Vorticism" ,
an essay contemporaneous with *Cathay,* readers will find proof that
Pound wanted the 1915 volume to be read both as a translation and as
original poetry. While calling "The Seafarer" and *Cathay* poems transla-
tions, he meant them to be his personae: "I began this search for the real
in a book called *Personae*, casting off, as it were, complete masks of the
self in each poem. I continued in long series of translations, which were
but more elaborate masks" (*GB* 85).

---

[1]   Ezra Pound. *New Selected Poems and Translations*, ed., Richard Sieburth, afterword T. S.
Eliot. New York: New Directions, 2010, p.368.

Cathay: The Centennial Edition will serve as an ideal tool to facilitate this discussion. Made available in that edition are not only the transcripts of all the relevant Fenollosa notes kept at the Beinecke Library of Yale University but also the corresponding Chinese originals with each character aligned with Fenollosa's English words.

Having traced "The River-merchant's Wife" to Fenollosa's notes, students will be able to make a comparison, ascertaining where Pound is inventive, where he introduces a mistake from Fenollosa, and where he penetrates through the surface of the Fenollosa notes to the original meaning. Pound has been ridiculed for presenting a line meaning "You came by on a bamboo stick horse" as "You came by on bamboo stilts, playing horse" (*Cathay: Centennial Edition* 33), and another line suggesting that "It is impossible to traverse in the fifth month" as "And you have been gone five months" (*Cathay: Centennial Edition* 34). While the latter misrepresentation was Pound's, the former was derived from Fenollosa's faulty gloss (*Cathay: Centennial Edition* 75). The comparison will also help testify Pound's gift for occasionally catching original meanings from the context. Fenollosa is not wrong to describe the young Wife's hair "at first covering my brows" (*Cathay: Centennial Edition* 75); but it is Pound's "my hair was still cut straight across my forehead" (*Cathay: Centennial Edition* 33) that really captures the original image of a hair style associated with innocence.

Building on their knowledge of the *Cathay* text and its corresponding notes, students can explore Pound's complex "Make–it–New" strategies. Two useful essays for this exploration are Barry Ahearn's "*Cathay*: What Sort of Translation?" (2003) and Marjorie Perloff's "The Search for 'Prime Words': Pound, Duchamp, and the Nominalist Ethos" (2004). In "*Cathay*" Ahearn introduces Lawrence Venuti's distinction between two modes of translation—domestication and foreignization, highlighting Pound's use of both.[1] In "The Search for 'Prime Words'", Perloff brings in modernist artist Marcel Duchamp's concept of "maximum precision" or "infra–thin difference" to offer insight into Pound's preference for foreign proper names.[2] Armed with the concepts spelled out in these two essays, students will be able to identify Pound's juxtaposition of foreignization and domestication in "The River–merchant's Wife". Pound's typical technique is to set a foreign proper name on top of its idea in English. Thus, in "The River–merchant's wife", the couple grew up together in "the village of Chokan" (*Cathay: Centennial Edition* 33), and when the husband "went into far Ku-to-Yen, by the river of swirling eddies," the wife wanted to meet him "As far as Cho-fu-Sa" (*Cathay: Centennial Edition* 34). For Perloff, Pound's Japanese–sounding Chinese proper names are attempts to render the *Cathay* poems at once genuinely and remotely Chinese. Her essay will enable students to account for why Pound insists on using "Cho–fu–Sa"

---

[1] Barry Ahearn. "*Cathay*: What Sort of Translation ?" in Zhaoming Qian, ed., *Ezra Pound and China*. Ann Arbor: University of Michigan Press, 2003, p.37.

[2] Marjorie Perloff. "The Search for 'Prime Words' : Pound, Duchamp, and the Nominalist Ethos," in Marjorie Perloff, *Differentials: Poetry, Poetics, Pedagogy*. Tuscaloosa: University of Alabama Press, 2004, p.56–57.

for the port Fenollosa glosses as "long wind sand" (*Cathay: Centennial Edition* 81). "Cho–fu–Sa, " with its "infrathin difference, " as Perloff shows, "takes on an aura despite the emptiness of the signifier in question" (Perloff 47).

Cathay anticipates Pound's more frequent use of the "Make–it–New" technique in *The Cantos*. An example given in my introduction to *Cathay: The Centennial Edition* is in the opening section of Canto 85, where the Confucian character 靈 ("a great sensibility") is set on top of "the time of I Yin 伊尹 , ""Galilio index'd 1616, " "Wellington's peace after Vaterloo, " Queen Bess who "translated Ovid, " and Queen Cleopatra, who "wrote of the currency" (*Cathay: Centennial Edition* 563). The character takes on nuanced meanings when juxtaposed with Chinese and Western proper names and anecdotes.

Teaching Canto 49

Canto 85 has 320 lines with 104 Chinese characters, alluding to hundreds of personages Chinese and Western, six (I Yin, Galileo, Wellington, Queen Bess, Ovid, andCleopatra)in its first eleven lines alone.[1] It is not an ideal text for discussion even in a graduate class. In my experience of teaching Pound's *The Cantos*, Canto 49 best suits exploration in a graduate class. Canto 49, also known as the "Seven Lakes

---

[1] Ezra Pound. *The Cantos*. New York: New Directions, 1998, p.563; hereafter cited as *Cantos* in parenthese.

Canto", can be used to extend students' knowledge of Pound to his "ideogrammic method" or verbal collage of concrete images as a way to express abstract ideas. In addition, Canto 49 is an exceptional poem that illustrates all three types of East–West exchange: East–West exchange via text, East–West exchange via image, and East–West exchange via personal interaction. According to J. Hillis Miller, "Cultural studies tend to assume that a work of art, popular culture, literature or philosophy ... has its best value or purchase on the world if it remains understood in relation to some specific and local people, a people defined by language, place, history and tradition." [1] Canto 49 is a rare example that exhibits Pound's active interaction with an East–Asian interlocutor "defined by language, place, history, and tradition."

Two meetings of a biweekly graduate class may be devoted to Canto 49, whose text can be found in New Directions' *New Selected Poems and Translations of Ezra Pound* (2010). During the first meeting two students might be invited to give presentations, one on Canto 49's background information and the other on that canto as Pound's split response to the poems and pictures of *Sho–Sho Hakkei* or "The Eight Scenes of Xiao–Xiang, " a screen–book in his possession. Two key tools are a Miss Zeng's translation of the screen–book's eight Chinese poems and the reproductions of its eight ink paintings. A transcript of Zeng's translation is included in this essay's appendix and all eight of the eight paintings are reproduced (in full color) in the next few pages.

---

[1]　J. Hillis Miller. *Illustration*. Cambridge: Harvard University Press, 1992, p.14–15.

Whereas the former is from my *Ezra Pound's Chinese Friends: Stories in Letters* (Oxford: Oxford University Press, 2008; hereafter cited as *EPCF*), the latter are reproduced from the photos by Richard Taylor, courtesy of Pound's daughter Mary de Rachewiltz. For full−color reproductions of all eight ink paintings accompanied by the poems in Chinese and poems in Japanese, see *Ezra Pound: e il Canto dei Sette Laghi.*[1] Among other useful supplementary materials are Wai−lim Yip's *Pound and the Eight Views of Xiao Xiang*, Chapter 8 "Pound's Seven Lakes Canto" of my *The Modernist Response to Chinese Art*, and Sanehide Kodama's "The Eight Scenes of Sho−Sho" in *Paideuma* 2 (1977).[2]

In presenting Canto 49's background information, the student is expected to cover three contextual aspects derivable from the supplementary materials. First, drafted between 1928 and the early 1930s and published in 1937, Canto 49 is an exercise of the "ideogrammic method", or a collage of eight Chinese waterscape poems, two ancient Chinese folk songs, some historical narratives, and the poet's interposed voice. Set one on top of another, these seemingly unrelated sections of poetry bring some tranquility after the anger and frustration of Canto 45, the Usury Canto, and look ahead to Cantos 52−61, the Chinese History Cantos. Second, the eight waterscape poems, introduced by the

[1] Maria de Luca, ed. *Ezra Pound: e il Canto dei Sette Laghi*. Roma, Italy: Diabasis, 2004.
[2] Wai−lim Yip. *Pound and the Eight Views of Xiao Xiang*. Taipei: National University of Taiwan Publishing Center, 2008; Zhaoming Qian. *The Modernist Response to Chinese Art: Pound, Moore, Stevens*, Charlottesville: University of Virginia Press, 2003; and Sanehide Kodama. "The Eight Scenes of Sho−Sho," in *Paideuma* 2, 1977.

line "For the seven lakes, and by no man these verses" (*Cantos* 244),
are based on the pictures and poems of the screen-book Pound received
from his parents in 1928. A relic from Japan, the fourteen-fold screen-
book consists of eight ink paintings, eight poems in Chinese and eight
poems in Japanese, mutually representing eight classic views of the Xiao
and Xiang (Sho-Sho in Japanese) Rivers in south central China. According
to Sanehide Kodama, a 1683 book by Genryu entitled *Poems in Chi-
nese and Japanese on the Eight Famous Scenes* "contains exactly the
same version of the Chinese and Japanese poems on *Sho-Sho Hakkei*
that Pound's manuscript book contains." [1]Pound's screen-book could
be an eighteenth-century or nineteenth-century copy of the 1683 relic
by Genryu, though. It would be best if the presenter could check out
a library copy of de Luca's facsimile edition of the screen-book and
pass it around the class. Without the assistance of a Chinese or Japanese
native speaker, Pound would not have been able to decipher the poems
in the screen-book.It happened that a lady in Rapallo, Italy, had done
missionary work at a girls' academy in the Xiao-Xiang region and that
her former employer, the president of the academy, would visit her soon.
"D[orothy] is up a mountain with a returned missionary, " Pound told
his mother on March 1, 1928. "Yes Chinese book arrived, berry [very]
interestin', returned missionary promises us a descendent of Confucius
on a month or so, who will prob. be able to decipher it" (*EPCF* 15).
The academy president, Zeng Baosun (1893-1978), turned out to be a

---

[1]   See Sanehide Kodama. "The Eight Scenes of Sho-Sho," in *Paideuma* 2 (1977): p.134.

descendent of Confucius' disciple Zeng Xi, or "Thseng–sie" in Canto 13, who "desired to know: 'Which had answered correctly?'" (*Cantos* 58). Pound and Zeng did not meet until after Easter 1928. To Pound's amazement, Zeng had resided in London during his Imagist years 1913–1917, studying for a degree in biology at London University's Westfield College. The two discussed Chinese poetry and Confucianism.[1] At his request she offered an oral translation of the eight Chinese poems in his screen–book. Her rough translation copied out by Pound in an unmailed letter to his father, July 30, 1928 (see Appendix) should serve as the proof of her role in the making of Canto 49. Third, the screen–book is a simulation of a nine–hundred–years–old tradition of both visually and verbally representing the eight views of the Xiao and Xiang Rivers. Pound's awareness of this tradition is evidenced by another letter he wrote his father, 30 May 1928: "They are poems on a set of scenes in Miss Thseng's part of the country, Sort of habit of people to make pictures & poems on that set of scenes" (*EPCF* 15). 30 of Canto 49's 47 lines are, therefore, extracted from Pound's experience of verbally and visually conceiving the eight scenes in his source–book.

Against this background, the second presenter can compare the first 30 lines of Canto 49 at once with Miss Zeng's rough translation and with the paintings of the screen–book. Take the opening scene "Night Rain" (lines 2–6) for example. Its images— "Rain, " "empty

---

[1]   See Zeng Baosun. *Zeng Baosun Huiyilu* (《曾宝荪回忆录》), Taipei: Longwen, 1989, p.98.

river, " and "small boat" —are all taken from Miss Zeng's translation. Nothing in Zeng's version, however, suggests line 5, "The reeds are heavy; bent" (*Cantos* 244). It could only be derived from the screen-book's first ink painting, whose three bold strokes across slanting strokes signify small boats amid bent reeds (see fig. 1). Similarly, Canto 49's images for "Autumn moon" (lines 7–12)— "moon, " "hills, " and "evening cloud" —are copied from Miss Zeng's version of the second poem in Chinese. What remains unseen in Zeng's text is the image of line 11, "sharp long spikes" (*Cantos* 244). It seems drawn from the screen-book's second ink painting, whose image of a tall tree, like "sharp long spikes" , pierces through strokes that embody clouds (see fig. 2). Nothing in Canto 49 is more removed from Zeng's version than lines 13–14, where Pound disregards what is elaborated in six lines of imagery and explanation and freely responds to his fancy evoked by the detail from the screen-book's third ink painting (see fig. 3). The pictorial speech of "Evening Bell" brings about the dynamics in the fourth scene "Sailboats Returning" . Here is a line neither from Zeng's version nor from the painted spectacle but rather from the poet's imagination: "Sail passed here in April; may return in October" (*Cantos* 244).

In a discussion that follows the presentations, the instructor might cite J. Hillis Miller's reference to Walter Benjamin's view that original works of art "will have aura, or 'speak.'" [1] Indeed, Canto 49 mimics the screen-book's pictorial language so intensely that its lines will become "audible" or "speak" whenever a source image breaks muteness. When this occurs first in reference to "Night Rain", the speaker's response, "the bamboos speak as if weeping" (line 6; *Cantos* 244), conveys sorrow suggested in the first two painted scenes. Next, when line 12, "Behind hill the monk's bell, " turns "audible, " again it is "audible" like its source picture: its resonance awakens us to a sense of serenity and contentment that is subsequently supported by the silent views of "Sun blaze, " "wine flag, " "a people of leisure" (figs. 4-7) and "Wild geese." When line 30, "the young boys prod stones for shrimp" , "speaks" , it echoes the sequence's final note of joy (see fig. 8). Thus, by way of translating the changing tones of the pictorial composition, the first 30 lines of Canto 49 signify a theme of transformation from solitude to liberation through uniting with nature.

---

[1]   Cited in J. Hillis Miller, *Illustration*, p.35.

During the second meeting, the class may explore Canto 49 as an inter-cultural, interpersonal encounter before they uncover hidden links between its seemingly unrelated sections. Did Miss Zeng from the Xiao-Xiang region offer Pound nothing but a rough translation of the eight poems in Chinese? Is it right to see Canto 49 merely as Pound's split response to the image and the text of his source-book? These questions will encourage students to consider larger issues of cross-cultural exchange. Reading Pound's 1928 letters to his father such as the one referring to the screen book as "a set of scenes in Miss Thseng's part of the country" (*EPCF* 15) will enable them to see that what is involved in the April 1928 encounter and must be accepted as important is alsoPound's response to the intuitive commentary of Miss Zeng, an interpreter from the target culture informed of its language, place, history, and tradition. Indeed, should Pound's interpreter be a native Chinese speaker from another part of China less informed of classic poetry about the Xiao-Xiang region, he or she would not have referred to the eight scenes of Xiao-Xiang as the "seven lakes". "Seven lakes" (七泽 or *qize* in Chinese) is an example of an auratic reference used only by a small number of experts within a culture or sub-culture. The phrase *qize* first appeared in second-century B. C. rhyme-prose writer Sima Xiangru's masterpiece *Zixufu* or "On Sir Vacuous." There *qi ze* or "seven lakes" refers to lakes both in the Xiao-Xiang region and north of it. The expression occurs juxtaposed with Xiao-Xiang alone in Li Bai's famous poem "Song of Dangtu Deputy Magistrate Zhao Yan's Landscape Painting" (《当涂赵炎少府粉图山水歌》). After it "seven lakes" tends to go pointedly with Xiao–Xiang, thus securing its association with that region. In a version of the eight views of Xiao–Xiang by the Ming emperor Zhu Zhanji (1399–1435) "seven lakes" occurs three times to allude to Xiao–Xiang: first in "Night Rain", then in "Snowfall on the River", and finally in "Sailboats Returning". As a learned Xiao–Xiang scholar knowing most if not all those poems, Zeng would probably refer to the eight views not by their common name "Xiao–Xiang" but by the literary epithet "seven lakes". She is likely to have spoken of the eight scenes as "seven lakes", leading Pound to do the same in Canto 49.

How are the eight scenic poems connected to the two ancient Chinese folk songs, "KEI MEN RAN KEI/···/TAN FUKU TAN KAI" (lines 37–40) and "Sun up; work/.../Dig field; eat of the grain" (lines 40–44; Cantos 245)? The rustlings the speaker hears from the bamboos in "Night Rain", the first scenic poem, allude to the sobs of E–huang and Nü–ying, daughters of legendary King Yao ("Yao like the sun and rain" of Canto53/262) and consorts of King Yao's successor Shun ("Chun to the spirit Chang Ti" of Canto 53/263), mourning the sudden death of Shun on a tour of inspection to the Xiao and Xiang Rivers. As the legend goes, the two consorts'copious tears stained the bamboos by the Xiang River with purple spots.

"KEI MEN RAN KEI ..." and "Sun up; work ..." record the folk songs, "The Auspicious Clouds Song" (《卿云歌》: 卿云烂兮 , 糺缦缦兮。/ 日月光华 , 旦复旦兮。) of Shun's time and "The Soil-Hitting

Games' Song" (《击壤歌》：日出而作，日入而息。/ 凿井而饮，耕田而食。) of Yao's time. The two ancient songs are derived from Fenollosa's Chinese poetry notes. So, lines 37–44 echo the opening section's nostalgia for lost ancient leaders. Without his April 1928 parley with Miss Zeng, Pound would not have dug up these ancient folk songs from Fenollosa's notes. Nor would he have produced a line so approximate to the original in effect: "the bamboos speak as if weeping".

Between the last scenic poem and the first ancient song ("KEI MEN RAN KEI/...")is some historical narrative: "In seventeen hundred came Tsing to these hill lakes./A light moves on the south sky line" (lines 31–32; *Cantos* 245). The reference is to Kangxi ("Kang Hi"), the second emperor of the Qing or "Tsing" dynasty (1644–1911), who toured the hill lakes of the Yangtze delta rather than those of the Xiao and Xiang Rivers. But does Pound's mix–up matter? Lines 31–32 are a tribute to the Confucian governance that warranted the good old times. Just as the songs of Yao and Shun anticipate the opening of the Chinese History Cantos, "Tsing" prefigures the last four cantos of that sequence (Cantos 58–61).

The poet's voice is then heard: "State by creating riches shd. thereby get into debt?/This is infamy; this is Geryon" (*Cantos* 245). This brings us back to the Usury Canto, reminding us that the world without Geryon and without wild beasts is but a vision out of the blue from the "infamy" of Western powers that depended on borrowing money from individuals to create wealth. Canto 49 concludes with two lines, again in the poet's own voice: "The fourth; the dimension of stillness,/And the power over wild beasts" (*Cantos* 245). For Wai-lim Yip the "stillness" alludes to the "Free Flow of Nature". "Only when the subject retreats from its dominating position—i.e. not to put 'I' in the primary position for aesthetic contemplation, " explains Yip, "can we allow the Free Flow of Nature to reassume itself." [1]

If time permits, the instructor might ask the class yet another important question: what distinguishes Miss Zeng as an influence from the influences of the screen-book's text and image? What should be recognized is the local expert's capability of actively interacting with Pound, looking into his eye while explicating the poems in Chinese. By contrast, the screen-book's text and image do not interact with Pound the way she does. Not only are her utterances heard but also her facial expressions and gestures are simultaneously perceived. From the speech-act theorists' perspective, the latter suggest subtle meanings beyond words and are therefore indispensable components of speech acts. Furthermore, she can be interrupted for necessary clarification or elaboration.

To read Pound's China-related poems and cantos is to contemplate East-West exchange in the twentieth century. It is to be aware of transnationalism and inter-culturalism within modern American literature. In an age of blogging, text-messaging, internet search, and

---

[1] See Zeng Baosun. *Zeng Baosun Huiyilu*. Taipei: Longwen, 1989, p.98.
    Wai-lim Yip. *Pound and the Eight Views of Xiao Xiang*. Taipei: University of Taiwan Publishing Center, 2008, p.158.

social network, it is no longer justified to teach American literature purely as a national literature and not at once as a national literature and as a subset of world literature with transatlantic, transpacific, and/or hemispheric characteristics. In a globalizing age it makes little sense to shun Pound's China or his China–related poems and cantos in a literature class at the graduate level or the undergraduate level.

Appendix:

Zeng Baosun's Rough Translation of the Eight Chinese Poems in Pound's Screen–Book *Sho–Sho Hakkei*, copied out by Pound in an unmailed letter to his father, July 30, 1928.

From Zhaoming Qian, ed. *Ezra Pound's Chinese Friends: Stories in Letters* (Oxford: Oxford University Press, 2008), 15–17. Courtesy of Mary de Rachewiltz and courtesy of the Beinecke Library of Yale University.

EP to Homer Pound (*TL–3; Beinecke*)

> Via Marsala, 12 Int. 5
>
> Rapallo
>
> 30 July [1928]

Dear Dad:

[...]

Chinese book reads as follows, rough trans.

Rain, empty river,

Place for soul to travel

(or room to travel)

Frozen cloud, fire, rain damp twilight.

One lantern inside boat cover (i.e. sort of shelter, not awning on small boat)

Throws reflection on bamboo branch, causes tears.

//////

AUTUMN MOON ON TON–TING Lake

West side hills

screen off evening clouds

Ten thousand ripples send mist over cinnamon flowers.

Fisherman's flute disregards nostalgia

Blows cold music over cottony bullrush.

Monastery evening bell

/////

Cloud shuts off the hill, hiding the temple

Bell audible only when wind moves toward one,

One can not tell whether the

summit, is near or far,

Sure only that one is in hollow of mountains.

////////////

Autumn tide,

AUTUMN TIDE, RETURNING SAILS

Touching <green> sky at horizon, mists in suggestion of autumn

Sheet of silver reflecting ~~the~~ all that one sees
Boats gradually fade, or are lost in turn of the hills,
Only evening sun, and its glory on the water remain.

///////////

Spring in hill valley
Small wine flag waves in the evening sun
Few clustered houses sending up smoke
A few country people enjoying their evening drink
In time of peace, every day is like spring.
SNOW ON RIVER
Cloud light, world covered with <milky> jade
Small boat floats like a leaf
Tranquil water congeals it to stillness
~~In Sai Yin there dwell people of leisure.~~
The people of Sai Yin are unhurried.

//////

Wild geese stopping on sand
Just outside window, light against clouds
~~Light clouds show in sky just beyond window ledge~~
A few lines of autumn geese on the marsh

                                        at their
Bullrishes have burst into snow–tops
The birds stop to preen their feathers.
&&&&&&

EVENING IN SMALL FISHING VILLAGE.

Fishman's light blinks

Dawn begins, with light to the south and north

Noise of children hawking their fish and crawfish

Fisherman calls his boy, and takes up his wine bottle,

They drink, they lie on the sand

    and point to marsh–grass, talking.

4

评介 H. G. 威多森的两本书

钱兆明　胡曰健

这里介绍的是英国学者威多森（H. G. Widdowson）论交际教学法的两本书：《交际法语言教学》（*Teaching Language as Communication*，Oxford: Oxford University Press，1978）和《应用语言学初探》（*Explorations in Applied Linguistics*，Oxford: Oxford University Press，1979）。

交际教学法在国外已倡行多年，我国语言教学期刊也有过综述，但对其主要论者著述的评介，却不多见。H. G. 威多森是英国著名的应用语言学教授，交际教学法的主要倡导者、探索者和推行者。他在爱丁堡大学语言学系多年从事交际教学法而作出的贡献已为国际上语言教学界所公认。《交际法语言教学》和《应用语言学初探》是威多森近年的主要著作，介绍这两本书，对于我们了解交际教学法的理论和方法，也许不为无益。

《交际法语言教学》（以下简称《交际》）旨在澄清"采用交际法教语言而产生的某些问题"，实际上是威多森多年来从事交际法教学与研究的实践总结和理论概括。《应用语言学初探》（以下简称《初探》）是威多森在世界各地讲学和辅助讲习班所用讲稿的选编。

关于交际法语言教学研究的由来，威多森作了这样的说明：

"近几年，英语教学法的两个明显的趋势：一是更多地关注为深造、学专业而学习英语的学生，特别是理工科学生；二是社会语言学和哲学的新成就使我们认识到：使用语言进行交际的能力，不是学习了语言的形式体系就能自然获得的，它必须通过某种方式的教学来加以培养"（《初探》第 37 页）。

"语言学研究范围扩大到包括非标准化的和有一定语境的语言材料（non-standardized and contextualized language data），于是促进了两项新的研究：对语言变体（language variation）的研究和语言交际活动（communication activities）的研究"（《初探》第116 页）。

正是在这样的背景下，威多森对交际法的一系列理论问题和教学实践问题作了探索，提出了一套新的概念原则（conceptual principle）。

一、一套新的概念原则

首先，威多森在研究德·索绪尔（Ferdinand de Saussure,

1857–1913）的语言 / 言语（langue/parole）理论和诺姆·乔姆斯基（Avram Noam Chomsky，1928– ）的语言能力 / 语言行为（competence/performance）理论的基础上，提出了语言用法 / 语言使用（usage/use）的理念。

威多森认为德·索绪尔关于语言 / 言语的区分把语言教师引入了歧途（《初探》第 9 页）。他首先引用豪凯特（Hockett）和豪斯侯德（Householder）的话指出这一区分的含混性，说它具有两种意思：有时语言指"习惯"（habit），言语指"行为"（behaviour）；有时语言却指"社会规范"（social norm），言语则指"个人习性"（individual custom）。威多森指出，索绪尔把"语言"说成是一种社会事实，而又认为它在某种意义上独立于社会使用之外，这是一个矛盾。索绪尔把语言看作一个人们共用的纯一无差异的体系（homogeneous common system），然而我们一旦将语言置于社会之中进行考察，就会发现这是一种虚假的构想。因此，威多森认为，语言 / 言语这一区分虽曾解决了语言学自成一科的方法原则，并促进了它的发展，但它却恰恰未能照顾到语言教师最关心的那些方面，尤其是语言使用的方面（《初探》第9–10 页）。

关于乔姆斯基的理论，威多森认为他对语言能力 / 语言行为的区分并不是索绪尔的语言 / 言语的区分的放大。索绪尔的语言指的是具体的社会事实，而乔姆斯基的语言能力则是一种抽象的理想化的本领，指的是纯一的语言社团（homogeneous speech communication）里理想的说话 – 听话人（speaker-listener）对本语言所具有的完备知识。这个语言能力的概念本来是要排除语言内由于社会因素而引起的复杂情况，结果把与实际使用中的语言"重新联系"的可能性也给排除掉了（《初探》第11页）。这样，生成语法用形式化的方法搞出来的语言体系便与语言实际使用的事实脱离了关系，于是出现了一个奇怪的现象——本来是不明确的人类语言现象，现在却被表示为一套明确的生成规则。这里，威多森并非想要贬低20年来生成语法的成就，而是向我们指出，语言的许多重要特征在乔姆斯基的这对区分中也未能体现出来。[①] 事实上，乔姆斯基本人也承认生成语法与语言教学关系不大（见《初探》第11页）。

威多森认为"语言行为"这一概念中也包含有一些系统性的因素和说话人语言知识的成分，这些因素和成分应归入"语言能力"的范畴来考虑。例如把句子连成连贯的语段（continuous discourse）应当说是说话人语言能力的一部分：知道怎样用句子来完成他所谓的"修辞行为"（rhetorical acts，舍尔 [Searle] 称之为"言语行为"）也该说是说话人语言能力的一部分。他指出："简而言之，对一种语言的知识不只是指了解可以产生无数句子的那些规则，也应包括调节句子的使用，以产生恰当话语的那些规则。一句话语（utterance）不只是一种抽象语法规则的具体表现，它也是一次交际行为（act of communication）"（《初探》第12页）。

由此，威多森提出了一对新的、重要的区分——用法/使用的区分：他把给语言体系作示例的一面称为"语言用法"（usage），

---

① 这里作者援引了凯茨和鲍斯特尔（Jerrold J. Katz and Paul M. Postal）的一段话："我们排除了句子的使用和理解的一些方面，这些方面不是通过假定一种生成机制来构拟说话人产生和理解句子的能力所能解释得了的。换句话说，我们排除了话语（utterance）的物质和社会环境。说话—听话人的态度（attitudes）和信念（beliefs）以及记忆的局限，环境中噪音大小等这样一些因素"（见《初探》第11–12页）。

把用于社会交际的一面称作"语言使用"（use）。从这个区分概念原则出发，威多森观察和分析了语言教学的各个方面。

他指出，以往课堂中教师往往只教用法，不教使用。机械的句式操练无疑是强调用法，而忽略了使用中的典型做法。那么使用实物（或其象征）的情景教学又怎样呢？他举了下面的例子：

Teacher: What is on the table?

Pupils: There is a book on the table.

Teacher: What is on the floor?

Pupils: There is a bag on the floor.

他指出这段对话虽然有了环境，也带了一点使用的味道，可实际着重点仍在用法，因为对话中教师所问并不真实，学生所答也不得体。而另一种操练形式：

A: What is on the table?

B: A book.

A: What is on the floor?

B: A bag.

回答显然比较自然，但与实际使用的语言相比却仍然十分做作。人们在日常的交际中一般是不问自己已知的情况的。什么是恰当的语言使用呢？在威多森看来，恰当的语言使用应当同时具备两个条件：一是用于适当的语言环境（linguistic context）；二是用于适当的交际环境（communicative situation），例如：

Teacher: Where's the duster?

Pupils: Under your chair.

Teacher: Where's Mary today?

Pupils: She's not well today.

要提醒的一点是，作者列举这些例子并不是为了否定句型操练和情景教学的价值，他恰恰是为了指明它们的价值何在，并探讨如何正确地运用这些方法。

用法 / 使用的区分是威多森的理论支点，从这一概念原则出发，他提出了一系列的对比。

1. 含义 / 用义（signification/value）

含义是从用法来看句子的意思，指的是句子所表达的命题；用义是从使用看话语的意思，指的是实际交际中的话语所表示的意思。例如：

A: Could you tell me the way to the railway station, please ?

B: The rain destroyed the crops.

这里 B 的回答虽然具有含义，却没有用义。

A: What destroyed the crops?

B: The rain.（或 The rain did.）

这里 B 的回答虽然不构成具有含义的句子，却有其用义。

2. 命题 / 言外行为（Proposition/illocutionary act）

命题指语言的判断形式，每个句子——无论是孤立的句子还是使用中的句子——都表示一个命题。言外行为是语言哲学家奥斯汀（J. L. Austin）提出的概念，指使用中的语言具有的行事的功能，例如：

I'll come tomorrow.

作为命题，它表示"我明天要来"，而在实际使用中它可以表示不同的言外行为，可以是一种允诺，也可以是一种威胁。

3. 句子 / 话语（sentence/utterance）

句子就用法而言，只表达某个命题；话语则是从使用而言，它不仅表达某个命题，而且也表示某种言外行为。

4. 文段 / 语段（text/discourse）

在威多森看来，脱离交际目的、纯粹为教语言而编写的课文只能算是展示语言系统的文段；为实现交际目的的语言才可称为实际使用中的语段。语言学习如着眼于培养交际能力，那就要学习语段，就要熟悉"言外行为"的常规，就要在语言使用的真实环境中进行教学。

5. 表面连贯 / 内在连贯（cohesion/coherance）

表面连贯指的是文段在立命题过程（propositional development）中的前后照应；内在连贯指的是语段在实现"言外行为"过程（illocutionary development）中的前后联系。

6. 语言技能 / 交际技能（linguistic skills/communicative abilities）

语言教学一般都把"四会"（听、说、读、写）当作自己的目标。威多森认为，所谓"四会"，含义是不清楚的，它可对用法而言，也可对使用而言。为此他把从语言媒介（medium）的角度定义的"四会"称为语言技能——说（speaking）、听（hearing）、写（composing）、读（comprehending）；把从语言使用方法（mode）的角度定义的"四会"称为交际能力——说话（saying）、听话（listening）、写作（writing）、阅读（reading）。交际能力包含着语言技能，而语言技能却不包含交际能力。

概括一下威多森的交际教学法理论，我们大致可以看到这样一个模式。（见图 1 ）它与结构主义教学法形成鲜明的对照。
（见图 2 ）

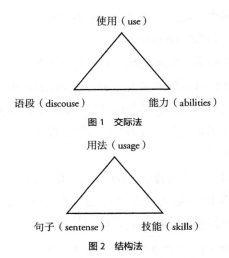

使用（use）

语段（discouse）　　　能力（abilities）

图 1　交际法

用法（usage）

句子（sentense）　　　技能（skills）

图 2　结构法

我们还可以看到，威多森的交际教学法与所谓的功能主义的
（functionalism）意念教学法（notional approach）也有着很大的区
别。[①]

二、一套同原则统一的方法

从用法／使用相区分的概念原则出发，威多森提出了一套用

[①]　威多森指出，意念法的局限性"可以总结为：没看到一定环境中的语言使用，而只
　　着眼于理想化的孤立状态中的意念和功能……"（《初探》第254页）；"意念法教
　　学的注意点在单项而不在方法，在语段的结构成分而不在语段的构成过程。从这一
　　点上讲，它与结构主义教学没有根本的区别，结构主义教学也是着眼于单项和结构
　　成分的"（同上第249页）。

交际法教学的设想。如他在《交际》一书中指出的：“教学方法和教材说到底总还是与内在的原则联系在一起的”（第163页）。威多森的方法恰恰体现了他的理论原则。

在教材选编问题上他主张废弃文段式的课文，选用真实体现语言使用的语段。他认为有些阅读材料虽以对话形式出现，与实际生活中的对话没有多少共同之处，也不宜选作教材。真正好的教材不仅要合乎用法，而且要合乎使用，即合乎交际的情理。

威多森不仅强调教材的真实性（genuineness），而且更强调它的实在性（authenticity）。真实性只反映语段发出者实际使用语言的意图，而实在性则是语段接收者对它的反映，它不是一段语言的内在性质，而是语言接受者赋予它的一种性质。它取决于语言发出者的意图和语言接受者的理解二者之间取得的一致性（congruence）。这种一致性是通过一套共同的规约而实现的（《初探》第165-166页）。

威多森也承认教学用的语言与实际使用的语言有一点偏差是难免的。问题在于怎样才能使这种偏差限制在有利于学生提高实际使用语言能力的范围内，怎样才能使教学更接近于真实（《交际》第79页）。

威多森分析了三种常见的阅读材料：节选（extracts）、简写（simplified）和简述（simple accounts）。他认为节选虽保持了真实性，但由于脱离上下文、脱离学生追求实际知识的愿望，因而降低了实在性；简写实际上是把作者使用的语言变换成读者所掌握的用法，由于受读者语言能力的限制，这种变换必定在某种程度上歪曲语言的使用，简写者为了照顾用法，总要删改某些合理的使用，结果就影响了语言的真实性；简述则既无节选的缺陷，也无简写的弊病，它的注意力不在语言成分上，而在命题和言外行为的重新安排。它自成真实的语段。我们日常所见的简明新闻和数、理等教科书中的简述就是这类实例。不过简述本身还不等于解决了实在性的问题。

在编排教材的问题上，威多森主张采用逐步接近法（gradual approximation），即每一教学单元安排一系列由易至难的简述。这种简述可由语句、语段和图示两方面组成。语句提供用法基础，图示表示交际环境（注意，这类图示本身就是实际语段的一部分，不是学习语言的视觉辅助材料）。第一步先列出一组句子，表示从图示中获得的各个命题，其中有的对，有的错，要求学生辨别。这一步为学生提供了交际环境，提供了实在性的条件，使他们从一开始就把注意力集中于语言的使用。第二步是把表示正确命题的句子连成一段简述，然后再给一个更为详尽的简述，这样一步步接近真实完整的语段，学生随之循序而进，逐步提高使用语言的能力。

对于语言练习设计，威多森也从观察一般做法入手，提出了改进和扩充的建议。

他分析比较了几种常见的检查理解的问题（comprehension questions）。从形式上分，理解检查有四类：A. 特指问题（Wh-questions）；B. 是否问题（Yes-no questions）；C. 正误题（Truth assessment），D. 多项选择题（Multiple choices）。他认为 A，B 类是外向的，社交性的；C，D 类是内向的、心理上的（即没有提问者，旨在核对信息）。A，B 类要求学生造出语句，即用话语做明确的答复；C，D 类则没有 A，B 类的强加感，即无须构句回答。A，B 类可能把学生的注意力从培养阅读能力转到造句方面，D 类也可能会把学生的视线引向供理解的各个选择上去，而多数供选择的句子又是与课文本身无关的。在威多森看来，C 类最理想，它不存在 A，B，D 三类的弊病，但就是太容易，即使不动脑筋也有做对 50% 的把握。

另一方面，习题也可按功能分类：第一类着眼于用法的问题（Usage reference questions）；第二类着眼于使用的问题（Use reference questions）。第二类包括两个小类：（1）吸收性的（assimilation），（2）鉴别性的（discrimination）。对于第一类问题，学生无须考虑句子在上下文中的用义，只要理解个别句子的含义就能作答。第二类问题则要求学生看清语段的内部连贯关系，通过吸收性和鉴别性的理解才能答题。

为了促使学生积极开动脑筋，威多森建议除了把正误判别练习插在课文各个段落之后，还可以为每个正误判别句设计一种练习，要求学生做出解释性的答案（explanation solutions）；也可以设计一些联系上下文的练习（contextual reference exercises），让学生从上下文中找出代词的所指，或同义表示法等等。鉴别性练习则可采用多项选择的形式，这种选择旨在区别一般与特殊，而非判别正误。

对于一般教材中的语法练习和作文练习，威多森也作了分析，并提出自己的设计方案。一般的语法结构练习有三类：补足（completion）、改变（conversion）和转换（transformation）（《交际》第 112 页）。补足练习要求学生在一个不完全的句子中填入恰当的所缺成分。作者认为这类练习可以有不同的难度，灵活性较强，但是如果难度掌控不当也会造成一定的混乱。改变和转换都是在既成的句子上作变换，前者要求从原句引出一个带有不同用义的句子，后者要求在不改变用义的基础上改变句式结构（如变被动句为主动句等）。这两类练习都运用机械的变换。

威多森认为这些练习都立足于用法，局限于单句；即使串句成章也还是重在用法，其根本原因在于它们缺少实在性（《交际》第 117 页）。

他进而提出两类练习，一类是预备性练习（preparation）；另一类是利用性练习（exploitation）。预备性练习从造句开始，然后进入作文；通过补足、改变、转换等各种练习，引导学生造出单句，作出简述。如有必要还可加进句前练习（pre-sentence exercise），采用非言语性手段，以增加逐步接近过程的步骤。利用性练习放在阅读课文之后进行，用课文作练习材料，这里面也可以采用逐步接近法，但最后产生的不是课文本身，而是与之有联系的另一个语言使用的实例，如课文的梗概、续篇或与课文相仿的一段语段。

威多森对于教材和练习有一个总的构想，那就是从语段到语段。语段实例是他所有练习的来源，也是所有练习的归宿。为了实现这个构想，他主张教学单元及其所规定的教学任务都要采取语段到语段的形式来安排（《交际》第 146 页）。每课以作为阅读材料的语段作起点，以学生最后自己创作的语段为终止。两个语段之间有一系列的练习，这些练习旨在帮助学生逐步从理解过渡到运用。

三、几点启示和看法

1. 交际法最近十多年获得了很大的发展，几乎成了"人人都想随之前进的一面旗帜"（《初探》第2页），这是有它的道理的。首先，交际法在实践上是针对以往语言教学法中的不足而提出的；同时它在理论上又以社会语言学、心理语言学和应用语言学的最新研究成果为基础。威多森无论在探讨理论原则或是在设计具体方法时，都始终从观察分析一般的实践开始，追根溯源，脉络十分清楚，利弊剖析得当，在这基础上提出了改进的方法，人们自然容易接受。交际法很快为语言教师所接受，正是因为它是与实际的语言教学紧密联系在一起的。

2. 交际法教学还需要在实践中得到考验和完善。交际法的产生和推广给语言教学带来了很大的变化，但要说它已十分完备还为时过早。交际法的采用需要考虑一系列的问题：如语段是如何形成的，交际的双边活动如何进行等等。推广交际法首先要了解运用交际法究竟有哪些条件，其适用范围如何。这些都是值得我们探讨的问题。特别是作为交际法强调的语段修辞行为分析，迄今还没有人作出透彻系统的论述，语段分析的整个领域还正处于探索阶段。也正如威多森所说，"交际法正在很快被人们接受为语言教学的新信条，快得简直有点不像话，几乎不可避免地被人不加仔细分析地照搬"（《初探》第252页）。盲从并不是对待新生事物的正确态度。要真正运用好交际法就得认真了解和研究它的特点是什么，原则是什么，以及怎样设计有效的方法来贯彻它。

3. 语言教师可以而且应该在自己的实践中开展应用语言学的理论研究。语言教学是个十分复杂的过程，其中的问题是多方面的、多层次的。应用语言学的历史还很短，值得探索的领域还很广。语言教师不应只是个实践工作者，也应该成为理论探索者。以往，语言教学者曾很容易就成为时兴语言理论的俘虏，其原因之一就是因为语言教师没有担负起理论研究的责任。教师对于语言本质和语言教学缺乏明确的概念原则认识，那么对于教材和练习的价值就不可能有正确的评估，对于怎样灵活掌握或改进教材和练习也没有明确的指南。

威多森这两本书的价值，用作者自己的话来说："在于它们展示了探索过程本身，能促使其他与语言教学有关的人们检查一下自己所从事的专业的原则，批判地思考一下自己的实践"（《初探》第 2 页）。开拓思路，加强探索，也正是我们介绍威多森这两本书的目的。

原刊于《外语教学与研究》1981 年第 4 期

5

介绍一本英英词典

听到中学英语教师反映，在教学中常碰到一些语言问题不知如何解答。就地或写信向有经验的人请教是一种办法，但有时就地解决不了，写信又"远水不救近渴"。这种情况下，我看有一本好的英语词典可以解决不少问题。现在中学英语教师使用的英语词典五花八门，应有尽有，其中最多的不外乎《新英汉词典》、《英华大辞典》、《简明英汉词典》等几种。这些词典各有所长，也都能解决一些教学中的实际问题。不过它们虽都是双语词典，但都用汉语释义，有时对英语的本义难免解释得不准确、不明白，对词语用法、语法规则等又不甚注意，而英语教师常常碰到的问题却恰恰集中于这几个方面，因此不少人感到这些词典还不够理想。现在我给大家介绍一本词典——英国伦敦朗曼出版公司 1978 年出的《朗曼当代英语词典》(*Longman Contemporary English Dictionary*)。这本词典不仅比以上提到的几本词典更新、更有权威性（主编是保罗・普劳克特（Paul Proctor），顾问班子包括英国著名语言学家夸克（R. Quirk）和语音学家杰姆森（A. C. Gimson）），而且在释义、标识用法、例证、注音等方面也胜过以上各词典。它可以弥补以上词典的种种不足，帮助教师解决很多疑难问题。

有的教师可能会说，"我们的英语水平不高，用英英词典会有困难。"这里要说明，朗曼词典是专门为非英语国家学英语的学生设计、编撰的一本当代英语词典，它的一个重要特点是释义、例证的所用词语基本上控制在 2,000 个常用词汇的范围内。只要看一看附于书后的《本词典用词一览表》（List of words used in this dictionary），我们就会发现这些词与我们要求中学生掌握的基本词汇大抵相当。英语教师即使没有上过师大英语系，也都应该熟悉这些词汇，使用这本词典应当不会有太大的困难。这里随便举一个例子：高中英语第一册用了 Cannibal 这个词，朗曼词典这一条的解释是：

1. a person who eats human flesh

2. an animal which eats the flesh of its own kind

这样通俗的文字英语教师应当都能看懂，它的意思与课文注释的"吃人的人；吃同类的动物"也完全一致。

使用这本词典后我们便会发现，它的释义比英汉词典准确、具体。初中英语第三册有一课用了 PANCAKE 这个词。英汉词典一般都简单地译为"薄煎饼"。《朗曼当代英语词典》的注释是：

1. a thin soft flat cake made of flour, milk, eggs, etc., (BATTER), cooked usu. in a PAN[1] (1), and usu. eaten hot.

释义显然要明确得多。初中第五册"Sport"这课用了surf-riding 与 water-skiing 这两个词，课文中分别将之译为"冲浪运动"与"滑水运动"。英语教师看了不明白，问体育教师还是不得其解。可是查一查朗曼词典，我们便能找到这样的解释：

Surf² also surf ride ... to ride as a sport over breaking waves near the shore, on a SURFBOARD ...

water-skiing ... the sport in which one travels over water on SKIs, pulled by a boat ...

这才明白 surf riding 原来是一种脚踩冲浪板在大海近岸的海浪上搏击滑行的运动；而 water-skiing 则是一种脚踩滑水板、由小汽艇拖着在水上滑行的运动。

《朗曼词典》中还有许多图示。有些东西我们没有见过，看了英语解释仍然不懂，这时只消看一眼附在词条边上的图示便立刻明白了。上面提到的"Sports"那一课有一句话："American football is quite different from the ordinary football."究竟有何不同，文章没有说明，英汉词典也找不到答案。可是《朗曼词典》在 American football 这一条不仅用文字说明了 American football 实际上是橄榄球，而且还用图画出了它的球场形式和运动员布局。看了注释与图示我们心中就有了底，讲解也有了把握。

《朗曼当代英语词典》（以下简称《朗曼词典》）的另一个特点是采用了几套符号详细注明了词语的句型与用法。这些符号简单明了，花一两个小时就能学会，经常查对，用熟了也就能够记牢。这些符号的意思书前有说明。如 [T] 表示及物动词（transitive v.），[I] 表示不及物动词（intransitive v.）；[L] 表示系动词

（linking *v.*）；[C] 表示可数名词（countable *n.*）；[U] 表示不可数名词（uncountable *n.*）；[GC] 表示可数集合名词（group countable *n.*）；[GU] 表示不可数集合名词（group uncountable *n.*）；[S] 表示单数名词（singular *n.*）；[P] 表示复数名词（plural *n.*）；[X] 表示带一个宾语 + 另一成分的动词。大写字母后一般还有一个数字符号。如 [ø] 表示后面不跟任何词语；[1] 表示跟名词或者代词；[2] 表示跟不带 to 的不定式；[3] 表示带 to 的不定式；[4] 表示跟 –ing 形式；[5] 表示跟 that 引导的从句，如此等等一直到 [9]。此外还有一套小写字母，[a]，[b]，[c]，可以用来表示更细微的用法差异。这些符号详细说明了词语的用法，能帮助我们解决许多疑难问题。如高一《英语》第四课教了动词 elect 后，教师想编几个例句说明其用法，可心里没有把握。这时不妨先查一查《朗曼词典》。我们在 elect 条第三义下见到 [T1 (as, to)，X1，这表明 elect 是及物动词，可以带一个或几个名词或代词宾语，后面还可以跟 as + 名词或 + 名词的短语，如 They elected Nixson (as) President./They elected me to the Board of Directors. 这也说明"他们选林肯当总统"有两种译法："They elected Lincoln President." 与 "They elected Lincoln as President." 都是对的。

这些符号有时也能帮助我们解决一些语法上的问题。我们对英语的主谓一致常常感到头疼。如 police 后面应当跟 have 还是 has；news 后面用 are 还是 is 有时会捉摸不定。查了朗曼词典，我们自然就能知道 police 是 [(the) P]，即常带定冠词 the 的复数名词，后面应该用 have；news 是 [U]，即不可数名词，后面应该用 is。either 与 neither 后面跟单数动词还是复数动词，这是个有争议的问题。有些语法书都讲得不甚清楚，《朗曼词典》对此却作了明确的说明：

either²

USAGE Either and neither as PRONOUNS are usually singular in *fml* writing, but often plural in speech when they are followed by a plural: Neither *of the books are* (fml *is*) *very interesting.* /Are (fml *Is*) *either of the boys ready?* None is now usually plural in such sentences, and any is always plural before a plural: None *of the books are/is very interesting./Are any of the boys ready?/None of us wants to be killed young.*

它不仅告诉了我们 either 与 neiher 作代词时，在正式文书中一般当作单数，口语中却常用作复数，而且也附带说明了 none 与 any 的有关用法，后面还有通俗的例句引证，讲得清楚明白，确实解决问题。

《朗曼词典》对助动词、情态动词、动词 to be、to have，常用介词、连词、代词、限定词（如 some，any）等都有类似 either 用法的详尽说明。从这个意义上说，《朗曼词典》也是一本查阅方便，引证可靠的语法书。

除此而外，《朗曼词典》还能解决一部分辩义方面的问题。譬如学生学了 farmer 与 peasant 这两个词后很可能会问它们有什么差别。我们只需查一查《朗曼词典》便能知道：

farmer... a man who owns or plans the work on a farm: *that farmer employs many farm labourers.*

peasant... 1[C] (now used esp. of developing countries or former times) a person who works on the land，esp. one who owns and lives on a small piece of land.

按此给学生讲解既明确又可靠。

besides 与 except 这两个词汉语都译作"除……之外"，可是它们的本义与用法有重要的区别，学生常会用混，教师也感到不容易讲清楚。

《朗曼词典》besides[2] 条作了这样的说明：

besides[2] means "as well as"；except means "but not; leaving out," and follows all, none, etc.; *all of us passed* besides *John* means that John passed too, but *All of us passed* except *John* means that John did not pass.

这两个词的区别讲得一清二楚，用例也十分典型，直接用于我们的课堂教学，我看也未偿不可。

至于 chemist's shop 与 drug store 的区别，《朗曼词典》只是简单地标上 BrE 与 AmE 的符号，使人一目了然。同类的例子还有 film/movie, sweet/candy, tram/street car 等等。

此外，《朗曼词典》在注音上采用了第 13 版《普通人英语发音词典》(*Everyman's English Pronouncing Dictionary*）的标音体系，用的是国际音标，英语教师使用起来非常习惯。由于现代语言学越来越注意语言的变化，《朗曼词典》也反映了这一倾向，尽量把单词的几种不同发音都注出来。

《朗曼词典》有这么多优点，并不等于没有缺点。这本词典用 2,000 个常用词汇解释 55,000 个条目，有时释义难免不够准确，作更深的教学与研究需要注意这一点，但这对中学英语教学不会有什么影响。另外，它那几套标明用法的符号刚开始用会感到不习惯，要经常翻到词典最后几页去查对符号表，总有点麻烦。但这是个必然的过程，一旦用熟了，它会比什么句型图表都方便。配备了这样一本英英词典，学会使用这本词典的方法，我看比请到一名外教还管用，因为它所提供的知识必定比一般外教都全面、可靠。有了它，发现问题可以随时翻阅、查对，解决起来就迅速、及时了。

原刊于《甘肃教育》1982 年第 5 期

6

在 Tulane 的第一学期

编辑同志：

　　抵美已将近四个月，一直想给你们写信，却拖到了今天。我在 Tulane 担任 T. A.，给两个班的新生上 English 101。Tulane 英语系现有 16 名 T. A.，除我之外都是美国人，并已在 Tulane 研究生院修满了一至二年。我要给美国南方私立名校大学生上好英文课，赢得他们的信任和尊重，不得不花很多时间备课。按 Tulane 的规定，每个教师开学初就要写出教案，订出规章（如无故缺席如何处罚，迟交作文如何扣分，平日作文、学期论文与考试在学期总分中各占多少百分比例等等）。教案要上报校研究生院与系办公室，下达给每个学生。每个 T. A. 有一名导师，这名导师一学期内要听 T. A. 一两次课，听后写出评语上报研究生院。我的导师是一位莎士比亚专家，叫 Joseph L. Simmons，写过几本书，有点小名气，他对我还算客气。一次，他听我课前打了招呼，我事先做了充分准备。那天学生表现特别好，我发给他们一篇阅读材料，讲了十来分钟就让他们讨论。他们讨论得非常热烈。Simmons 听课后即上 T. A. 大办公室称赞我那堂课上得好，同一办公室的 T. A. 们都祝贺我。据他们说，这位导师是轻易不称赞 T. A. 的。其实，那天我是沾了我学生的一点光，他们的发言和争论使课堂变得异常活跃。美国学生爱提问、爱争论，给他们上课有压力，也有乐趣。教师只要提得出问题，他们不管是对是错，马上就抢答，而一个学生答后马上有第二、第三个学生发言，提出异议。当然上这门课，也有头痛的事，那就是改作文。我们每两周布置一篇作文，我教两个班，平均每周要改一个班 25 篇作文。因为平时我要修自己选的课，准备教学生的课，作文只能放到周末去改，一篇作文往往要花 30-40 分钟才能改完，并写出让学生信服的评语。这样周末两天的休息时间就完全给剥夺了。感恩节前我给学生布置了一篇学期论文，带学生上图书馆，教他们如何选题、找资料、做论文提纲。学生写出初稿后，我又要给每人作一次个别辅导，感恩节放假三天，我几乎全花在批改作文上了。

第一学期我自己选了两门课：Bibliography 与莎士比亚。Bibliography 分三个阶段：第一阶段 Reference Bibliography，用 Margaret Paterson 的 *Literary Research Guide*（1984）；第二阶段 Descriptive Bibliography 用 Philip Gackell 的 *A New Introduction to Bibliography*（1985）；第三阶段 Textual Criticism and Editing 用 James Thorpe 的 *Principles of Textual Criticism*（1979）。这门课大部分美国研究生都不感兴趣，但我却觉得很有意思，尤其学到文艺

复兴时期的图书设计、装帧时，教授让我们进图书馆四楼的珍本藏书室，每人自己选一本 16 世纪或 17 世纪的古籍，仔细审察其装帧，并用专门的术语描写出来。而学到 Editing 时则是拿不同的版本，乃至作者原稿作比较，选定 copy-text，并作勘误。我在国内当过一段时间的编辑，又自己编过书，深知这门学问的重要性，所以学得格外认真。学期论文我做了莎士比亚十四行诗的 Descriptive Bibliography，1977–1983，一共 160 多条，条条都要作描述，花了两个月的功夫才完成。至于"莎士比亚"则是一门讨论课（seminar），重点读他的历史剧，每人写一篇论文，轮流宣读，大家评议。下学期的课我已选好，是 Seminar in Medieval English 和 Late 19th-century American Literature。Tulane 规定博士生要学够 48 个学分（即 16 门课），其中必修 Old English、莎士比亚、目录学与 6 个 seminars。在本国已有硕士学位的学生，原来获得的学分经审查一旦得到认可就可转入 Tulane 研究生院的学分。这样一来我只需学够 24 个学分（即 8 门课），就可以开始准备博士生合格考试。我一年选四门课，两年就可拿下 24 个学分。现在这里开的大多数课与我们当时开的课是对等的，对等课的学分比较容易得到认可，转入这里的学分。这两个学期我选的都是硕士后的课，而且都是必修课，这样做就是为了尽早完成 24 学分的 course work，第三年开始准备第二、第三外语考试和准备论文前的博士生口笔试。

在国内，我时时得到导师的指导，在此，我感到导师与国内的大不一样。他们的学识很专门，不像王、许二师如此广博又深厚。最不习惯的是他们不像王、许二师那样热情地关心学生。往往一两个月我才能见导师一次，见到后只能谈半个小时，问题也不能谈透。在国内，导师同我一谈就是一个下午，现在想来，再不学好真是不安。当然，身在此地只能入乡随俗，适应这里的规矩。

新奥尔良是美国的南方城市，工业不甚发达，但有叫人神往的音乐、文学传统。本世纪初好几位美国作家发迹于此，每年各有相关的纪念活动。有些著名的学者来此做学术报告，一般都用Tulane的讲坛，我去听过几场。也有诗人来此朗诵新作，可惜我因为功课忙没能去听。

钱兆明

1986 年 12 月于新奥尔良

原刊于《外语教学与研究》1987 年第 2 期

7

环境和语义

本文拟就环境与语义的关系，即语义对环境的依赖和环境对语义的影响，作一番探讨。

首先要说明：这里所谈的语义是英语这一特定语言的语义，这里所指的环境包括语言环境（linguistic context）、副语言环境（para-linguistic context）、社会文化环境（social-cultural context）和语体风格环境（stylistic context）。

§1 语言环境和语义

1.0 我们平时听话，离了前言后语往往不知所云；看文章离了上下文往往不明其义。人们的这一常识说明了语义学的一条重要原理：词语离开了一定的语言环境，就失去了它确定的意义。语境之所以能影响，以至确定词语的意义，就是因为词语和词语间存在着一种相互制约意义的功能。这种功能主要体现在四个方面：

1.1　排除歧义（eliminate ambiguities）

歧义有词汇歧义与句法歧义两种。造成词汇歧义的原因在于词语的同音异义（homonymy）和一词多义（polysemy）。英语的词汇不仅充满着包含多种义素（semanteme）的词素（lexeme），而且还有许多同音异义词，因此它的表达式的涵义可以表现得异常繁复与微妙。例如读作 /rait/ 的英文词形就有 right、rite、write 和 wright 等，其中 right，根据 *Webster's Third International Dictionary*，又代表了五个意义毫不相关的词素，每个词素还分别包涵着几个以至十几个不同的义素。这种例子在英语词汇中俯拾即是。然而，英语词语的这种多义性却并未在交际中形成过多的实在的歧义。这主要因为人们总是在一定的语境中使用词语，而特定的语境往往消除了词语的潜在歧义。例如：

（1）*Pass the glass of port.*

此句中 pass、glass、port 三词都是多义词。但进入句（1）后 glass 与 port 配成 the glass of port，二者相互制约，排除了一切不能并存于这一语义体的潜在义素，从而确定了语义；它们的意义一经确定，又制约住了 pass 的词义，从而使整个句意明确了："把那杯葡萄酒递过来。"

除了词汇歧义，语境还能排除句法歧义。句法歧义一般起因于形态或结构的含混。这种歧义是句级歧义，往往需要在大于句子的所谓"超句体"内寻找消除含混的线索。例如：

（2）They are *flying* kites.

（3）He hit the man *with a stick*.

句（2）是形态含混引起的歧义句（*flying* 是进行式动词，还是修饰 kites 的形容词？句义是"他们在放风筝"还是"那是几只断了线的风筝"？）；句（3）是结构含混引起的歧义句（*with a stick* 作 hit 的状语，还是在修饰 the man？）。它们本身都无法排除自己的歧义。然而在日常的交际中像（2）、（3）这种孤立的歧义句是少见的。句（2）前可能会有像 Where are John and Mary? 这样的上文；句（3）后也可能会有像 And the man hit back with his fists 这样的后续句。句（2）的上文只要说明了句中 they 的所指，flying 的形态歧义也就消除了；句（3）的后句一经指明了关系一方的状况，其另一方的意义也就不言自明了。

1.2　消除含糊（remove vagueness）。所谓含糊指的是词义不具体、不明确的现象。例如 He has an animal 中的 animal 就是一个含糊的概念。词语含糊与否只能相对而言。例如 doctor 显然比 pediatrician 含糊，可是比 man/woman 又具体得多。语境消除含糊有两种情况：一种是修饰语消除被修饰语的含糊，另一种是被修饰语消除修饰语的含糊。前者如：

（4）Charlie talked to a *buxom* Breton *peasant*.

（5）My grandfather, my mother's father, died last year.

句（4）中形容词 buxom 确定了所指的 peasant 是"农妇"，而不是"农夫"[1]；句（5）中同位语 my mother's father 表明了所

---

[1]　J. D. McCawley 认为：the adjective "buxom" carries with it the presupposition that whoever it is applied to is female. 参看 McCawley, *Grammar and Meaning: Papers on Syntactic and Semantic Topics*. New York: Academic Press, 1976.

指的 grandfather 是"外祖父"而不是"祖父"。后者如：

（6）This is a *good strawberry*.

（7）This is a *good lemon*.

（8）What a *heavy pencil*!

（9）What a *heavy machine*!

句（6）中被修饰的名词 strawberry 规定了 good 的涵义是"甜"而不是"酸"；句（7）中被修饰的名词 lemon 规定了 good 的含义是"酸"而不是"甜"；句（8）中的被修饰语 pencil 表明 heavy 是对握笔写字而言，至多几个盎司；句（9）中被修饰语 machine 表明 heavy 是对搬动而言，可能以吨计量。同是一个 heavy，句（9）的 heavy 可以比句（8）的 heavy 重几千倍。

1.3　确定所指（indicate referents）。为了避免重复，人们在交际中常常使用 I、you、he、this、that 等词替代名词短语，用 do、can、should 等词替代动词短语，then，there 等词替代时间、地点状语。这类包含替代词的句子离了上下文往往不能确定所指。英国语言学家弗思（J. R. Firth）曾编过这么一段对话：

Do you think he will?

I don't know. He might.

I suppose he ought to, but perhaps he feels he can't.

Well，his brothers have. They perhaps think he needn't.

Perhaps eventually he may. I think he should, and I very much hope he will.[①]

① 转引自 Frank R. Palmer. *The English Verb*. London: Longman Publishing Group, 1974, p.24.

因为没有上下文，人们很难猜测这段对话谈的是什么事情。其实对话中 will、might、ought to 等词替代的动词短语是 join the army。替代词的所指在口语中常可凭眼色、动作等副语言确定，而书面语言则只能靠上下文判断：

（10）Betty told Mary that Jane was coming.

（11）a. *She* said it secretly.

　　　b. But *she* didn't believe *her*.

　　　c. But *she* didn't come.

句（10）是句（11）各分句的上文。抽掉句（10），句（11）各分句中的 she 和 her 所指何人就无法判断。有了句（10），我们则不难断定句（11）a 中的 she 指 Betty；句（11）b 中的 she 指 Mary，her 指 Betty；句（11）c 中的 she 指 Jane。

1.4　补充省略意义（supply information omitted through ellipsis）。省略是一种修辞手法，也是当代英语的一种趋向。例如：

（12）He thought of going down to the Alhambra and standing for an hour or so to look at the ballet, but decided *against*.[①]

这类省略有上下文直接提供了信息，比较容易补义，在此无庸赘述。值得注意的是一种所谓隐含省略。如：

（13）He *drinks* far too much.

（14）Where shall we *eat*?

（15）Bacon's figures of speech are forensic, intended to *convince and confound*.[②]

[①]　转引自王佐良，《英语文体学论文集》，北京：外语教学与研究出版社，1980：第51页。

[②]　同上。

（16）Janet! *Donkeys*!

（17）Janet! *Wine*!

其中句（13）、（14）、（15）都省略了宾语。传统语法把这种现象叫作及物动词"绝对化"，转换语法则称之为"删略"（deletion）。其实只要熟悉英语的习惯搭配就不难补出隐去的含义：句（13）的 drink 显然指"喝酒"；句（14）的 eat 显然指"吃饭"（"用餐"）；句（15）的 convince，意为"使人们信服"，confound 意为"把对手驳倒"。句（16）和句（17）都省略了谓语动词，可是从它们的宾语却可推导出：句（16）意为"把驴赶走"或"当心驴"；句（17）意为"把酒拿来"或"斟酒"。

1.5　还有一个问题要强调。语境有广义、狭义之分：狭义的语境指词语的前后语和句子的上下句；广义的语境可以是一节、一章、一篇以至作者的其他著作；对说话者而言，则是他的其他言论。要透彻理解词语的意义不仅需注意与之相依的"近境"，还要留心遥相呼应的"远境"。丘吉尔在第二次世界大战初期曾说过一句名言：

Some chicken! Some neck!

离开当时的背景，割断特定的上文，谁也不能领会言者的真意。原来他是针对希特勒的叫嚣：In three weeks England will have her neck wrung like a chicken. 作出的响亮回答。意思大概是："难对付的小鸡！难对付的脖子啊！"

一对三年未见的老友在异乡邂逅相遇，打完招呼便说：

（18）You lied to me.

How did you find it out?

所指何事需从三年前特定的语境中去寻找。美国作家菲茨杰拉德（F. Scott Fitzgerald）在其短篇小说《重游巴比伦》（*Babylon Revisited*）中有一段描述：

"The Place de la Concorde moved by in *pink* majesty ..." 其中 pink 何意令人难解，但是从段首 "It was *late afternoon*" 中我们却可断定 pink 在此指 "披上了晚霞"。

海明威在其短篇小说《白象似的群山》（*Hills Like Elephants*）中写了一对男女在西班牙巴塞罗那附近某火车站候车时的一段对话：

"And you think then we'll be all right and be happy?"

"I know we will. You don't have to be afraid. I've known lots of people that have done it."

"So have I," said the girl. "And afterward they were all so happy."

"Well," the man said, "if you don't want to you don't have to. I wouldn't have you do it if you didn't want to. But I know it's perfectly simple."

"And you really want to?"

"I think it's the best thing to do. But I don't want you to do it if you don't really want to."

根据上下文，读者能认准第一句是女的在问，第二句是男的在答；最后两句也是女的问，男的答。但是这一段的上下文，乃至下一页的上下文，并没有透露男的究竟要让女的去做什么。直到接近短篇结尾，女的说：

"No, it isn't. And once they take it away, you never get it back."

多数读者才恍然大悟，女的是怀了孕，男的是要她去堕胎。

§2　副语言环境和语义

2.0　所谓副语言包括有声、无声两种：有声副语言指语言的轻重断续（stress and junction）、抑扬顿挫（pitch and tone），即广义的语调（intonation）；无声的副语言指脸部表情（眼色（facial expression）、身势（gesture）、姿态（body posture）。语言学家阿伯克罗姆比（David Abercrombie）说：

We speak with our vocal organs, but we converse with our entire bodies ... the conversational use of spoken language cannot be properly understood unless paralinguistic elements are taken into account.[①]

这说明副语言贯彻有声语言之始终，是辅助语言表意的必要手段，决不可等闲视之。

2.1　有声副语言的表意手段主要有四种：（1）加强重读（stress）；（2）延长语音（length）；（3）略作停顿（pause）；（4）运用特殊语调（intonation）。

2.1.1　1.5节中所引的丘吉尔名言 "Some chicken! Some neck!" 就是一个重读表意的典型实例。据说丘吉尔当初广播演说到此句时将两个 Some 念得特别有力，从而大大加强了这句话的表达力量。

人们在日常交际中也经常使用加强重读来表达特殊的寓义（implication）。例如：

---

① 转引自 John Lyons. *Semantics*. Cambridge: Cambridge University Press, 1977, vol.1, p.64.

（19）John didn't dance with Mary last night.

读此句时加强重读 John 暗示别人昨晚跟 Mary 跳了舞；加强重读 dance 暗示 John 和 Mary 昨晚干别的事了；加强重读 Mary 说明 John 昨晚光跟别人跳舞；加强重读 last night 暗指 John 与 Mary 晚上经常一起跳舞。重读不同，意义迥异，可见领会语义不可不注意副语言环境。

2.1.2　美国语言学家特瑞杰（George Trager）在一篇讨论副语言的文章中写道：Get out 如果说得又响又亮又短，那只是心里生气；要是说得又低又慢又长，那就特别富有威胁性。① 这说明延长单词或单词中某个音节的语音具有表达殊义的功能。至于表达何义，则要根据所用单词的本义、语境和使用场合而定，不可一概而论。例如：

（20）You are so early.

将 early 重读且延长后，其词义就走向了反面，但言者究竟出于挖苦、责备还是开玩笑，则需根据场合与说话人的个性等而定。

2.1.3　略作停顿一般是为了引起听者注意，加强停顿后所用词语的表意效果。体育竞赛公布名次或发奖时常用这种停顿：

（21）The Prize has been won by—John.

宣布竞选结果也用这种停顿：

（22）And the final count shows—that by a margin of 3,000—the successful candidate is—Charles Brown.

---

① 转引自王宗炎，《美国学者对语言学中若干问题的探索》，《语言学动态》1979年第5期，第7页。

以上只是强调，停顿还可转义：

（23）a. John says Mary is a fool.

b. John——says Mary——is a fool.

句（23）b. 在 says 前 Mary 后各作一次停顿，句意就跟句（23）a 大异。

2.1.4 语调是一种最复杂的语音表意手段。常见的有升调和降调。例如：

（24）a. Whère?

b. Whére?

句（24）a. 念降调表示询问，句（24）b. 念升调要求重复。

此外还有升降调、降升调、升降升调。同一句子语调不同意义近乎异文：

（25）a. I should |gò.|

b. I should |gó.|

c. Ì should |go.|

d. I shòuld |go.|

e. I shǒuld |go.|[①]

句（25）a. 念正常语调表示正常语义；句（25）b. 念升调，带有征求对方是否愿意叫我去的含义；句（25）c. 在 I 上急速下降，强调该我去而不是你去；句（25）d. 降在 should 上，暗示你不让我去我偏要去；句（25）e. 将 should 念成降升调，含有我不太愿意去的意思。

---

① 此例选自 R. Quirk & S. Greenbaum. *A University Grammar of English*. London: Longman, 1973, p.457.

英语语调可以表示讽刺、挖苦、恼怒、反对等多种意味，其功能有待专著探讨。在此仅提一点：降调一般带严厉、坚定的口气，升调常含期待或怀疑的语义，降升调往往带有保留或讽刺等寓义。[①]

2.2 无声副语言，即身势语言，同有声副语言一样，也具有加强语义、辅助语义、转变语义的功能。例如：

（26）... she *threw the invitation on the table with disdain*, murmuring: "What do you want me to do with that?"

（27）He *wagged* a finger and laughed and said, "Gonna get you, baby."

（28）With *a perceptible shrug of her shoulders*, Lorraine turned back to Charlie: "Come and dine ...."

句（26）出自法国作家莫泊桑名篇《项链》（*The Necklace*）。句中 she 往桌子上一摆请帖，加强了 "what do you want me to do with that?" 的语义。句（27）出自美国当代小说家欧茨（Joyce Carol Oates）的名篇《何去何从》（*Where Are You Going，Where Have You Been?*）。句中 He 摇动食指使 "Gonna get you，baby" 带上了威吓的语气。句（28）出自菲茨杰拉德的《重游巴比伦》。句中洛蕾（Lorraine）一耸肩膀便使 "Come and dine" 转而包含了 but 1 don't think you will 的寓意。

眼色也是人类交际的一种工具。它可以传达丰富的感情，交流复杂的心态。人们常用它来传情：

（29）Hornblower met Lucy's eyes again, and once more she

---

① 参看 Frank R. Palmer. *Semantics*, 1976, p.4–5.

looked away and then back at him.（C. S. Forester, *Hornblower in the West Indies*）

表示憎恶：

（30）She *slit her eyes at him*and turned away.（Joyce Carol Oates, *Where Are You Going, Where Have You Been?*）

或表达言词难尽之意：

（31）Her parents and sister were going to a barbecue at an aunt's house and Connie said no, she wasn't interested, *rolling her eyes* to let her mother know just what she thought of it.（Joyce Carol Oates, *Where Are You Going, Where Have You Been?*）

在外交场合还能把它当作暗号或手腕：

（32）The toast was drunk and now it was Hornblower's turn again, as evidenced by *Sharp's glance.*（C. S. Forester，*Hornblower in the West Indies*）

身势语言虽然具有辅助甚至替代有声语言表达语义的功能，就其交际作用而言，毕竟是从有声语言派生的指号，因此在根本上有赖于有声语言，在交际的最后阶段要被译成有声语言。[①]例如点头可译成 Yes，摇头可译成 No，翘大拇指可译成 Wonderful，耸眉撇嘴可译成 I rather doubt，食指与中指重叠交叉可译成 Good luck。在实际生活中这种翻译往往采取省略的形式。这里所谓省略不是日常所说的省略，而是转换语法的"删略"，指的是在深层中实现指号的语义转换。其转换形式与阅读理解的转

---

① 参看 [波兰] 沙夫，《语义学引论》，罗兰、周易译，北京：商务印书馆，1979年，第173页。

换相同。就本质而言，身势与文字都是意义指号的指号，都按"非有声语言指号—有声语言指号—意义"的公式实现语义的转换。

身势语言除某些纯表感情的眼色（如喜悦时眯眼、恼怒时瞪眼）和下意识动作（如烦躁时抖动翘起的小腿）外，都是后天习得的，因此具有一定的民族性。[①] 这就是说，一国有一国的身势语言，一个民族有一个民族的身势语言。当然身势语言的民族差异不象有声语言那么大。这主要因为它是一种象形指号，各国、各民族的创造可能不谋而合。西方各国有共同的文化传统，身势语言大同小异；中国与英美有不同的文化背景，二者的身势语言也有不少一致的地方。对我们来说，重要的是学习和研究那些含义有别的身势语言（如吐舌头、招手、摇动食指等）和本民族没有的身势语言（如耸肩膀、捻手指、食指和中指重叠交叉、食指和中指叉开翘起等）。

§3　社会文化环境和语义

3.0　语言是一种社会现象。它存在于社会之中，服务于社会活动。人们在一定的社会文化中使用语言，社会文化的因素也渗透在语义之中。以下从社会、文化、历史三方面来说明社会文化环境和语义的关系。

3.1　社会环境，亦即社会场合，包括时间、地点、对象、关系、内容等因素，它同语境一样具有制约语义的作用。这体现在五个方面：

---

① 参看John Lyons. *Semantics*, vol. 1, p.66.

3.1.1　社会场合也能排除歧义：

（33）Pass the port.

（34）Pass the glass.

句（33）和（34）离了场合都含歧义：句（33）或指通过港口，或指传递葡萄酒；（34）或为传递杯子，或为传递玻璃。可是在酒宴上听到此语，谁也不会误解其意。又如：

（35）Would you care to make up a four with us?

离了场合是一句歧义句。但用于一定的场合，譬如在网球场上或桥牌桌旁，你即使初识英语也能猜出对方在邀请你参加网球双打，或桥牌游戏。

3.1.2　场合也能消除含糊。如：

（36）It is cold today.

离了场合（36）是个意义含糊的句子，可是用于确定的时间、地点，其含糊就能消除了。冬天说（36）与秋天说（36）含义不同；在阿拉斯加说（36）比在夏威夷说（36）可以冷几十度。

3.1.3　场合还可确定所指。英语口语中替代词用得非常频繁，所指何人何物上文亦无说明。如：

（37）What do you think of it?

　　　Not much.

　　　Why, what's wrong with it?

　　　Oh, I don't know. It's just that he ... Well, because he overloads it with detail.

由于对话发生在听讲之后，旁人一听就明白他们是在议论讲演者和他的演说。

3.1.4　场合还能补充省略意义。以下是一位乘客购火车票时同售票员的对话：

（38）One to Brighton, Please, second class.

Single or return?

Return, Please.

Second return, Brighton. One twenty, Please.

对话不仅用了替代词，而且省略了动词和名词，但因为用于特定场合，双方都明白含义。足球场上评论员的解说词要跟上紧张激烈的比赛实况，往往充满了省略：

（39）Cruyff to Neeslens; a brilliant pass, that. And the score still: Holland 1, West Germany 0. The ball in-field to—oh, but beautifully cut off, and...[①]

可是观众和听众都能自动补上省略的意义。

3.1.5　此外，场合还能揭示言者的真意。英语口语中常有"言非所意"的情况，如：

（40）Is that pepper over there?

形式是个问句，实际却是请求。言者真意何在需根据场合判定。如：

（41）Is the window open?

用于冬天是请你关窗，用于夏天是让你打开；你如果屋里装有空调设备，那么即使夏天也还是让你关窗。又如：

---

① 转引自Geoffrey Leech & Jan Svartvik. *A Communicative Grammar of English*, London: Pearson Education, 1974, p.117.

（42）It is raining.

或是请你关窗，或是让你收衣，或是挽留客人，或是提醒带雨具，场合不同，真意迥异。难怪美国画家兼语义学家希夫（Paul Ziff）要说："If I utter 'I waited for you', then depending on the context I may be making a statement, or giving an explanation, or offering a reason, or making an accusation, or making complaint, or quoting, or reciting a poem, or telling a story, and so forth." [1]

3.2　所谓文化就是一个民族在自己的社会历史发展中形成的独特风格与传统。它对语义的影响极其深广。这首先表现在它给词语涂上了一层文化色彩。离开文化环境，就无法领会这一层意义。例如 pork 一词对穆斯林和非穆斯林英国人能引起不同的反应；sea、mountain、valley、rain、snow 等词对不同地区的人能唤起不同的联想；black、white、red 等颜色，在不同的文化传统中有不同的象征意义。确定词汇意义可以凭借词典，领会文化意义却只能依赖对文化环境的了解。美国学者瑞弗斯（Rivers）和坦博莉（Temperley）在讨论 lunch 一词的文化意义时指出：

Lunch has a lexical meaning. AHD defines it as "1. A meal eaten at midday. 2. The food provided for this meal (p. 775). But even know-ing these meanings, a person not familiar with American working and eating habits may miss the full connotational meaning of the word. The idea of only "a half hour or forty-five minutes for lunch" may seem strange to people accustomed to a two-hour break in the middle of the day, when one can go home or to a restaurant for a substantial and lei

---

[1]　Paul Ziff. *Semantic Analysis*. Ithaca: Cornell University Press, 1960, p.78.

surely meal, and even stranger to people who expect to have not only a large meal but a rest after it before returning to work in the mid or late afternoon. The emphasis in the paragraph on saving both time and money may correspond to what is now often referred to as "American efficiency", but the idea of packing up a lunch in a paper bag at home and bringing it to work with you may seem to many students to be carrying efficiency too far. A person who has not lived in the United States may not know that "bringing a lunch" is not in itself a mark of being either a school-child or a member of a low social class: office workers, factory workers, managers, college professors all may do it. Another aspect of *lunch* is that while speed and economy may be desirable, sociability and professional contact are often important elements too. Americans often have lunch with friends, associates, or colleagues and frequently count on discussing matters connected with their work or on "doing business" during the meal (cf. the expression "There's no such thing as a free lunch").[①]

　　Lunch 一词能包含那么多文化意义，其他词语又何尝不是如此。中国学生听到 He is a wolf. 首先会想到"他豺狼成性"，实际上 wolf 指的是疯狂追逐女性的男人。He has flown home. 多数人会理解成"他乘飞机回家了"，殊不知言者的原意可能是"他开上飞机回去了"。由此可见要透彻领会语义不可不注意文化环境。

　　文化的影响还体现在英语中包含了大量代表其文化传统的习语、成语、引语和典故。其中有的可追溯到希腊、罗马神话，有

---

① Wilga M. Rivers & Mary S. Temperley. *A Practical Guide to the Teaching of English as a Second or Foreign Language*. Oxford: Oxford University Press, 1978, p.203–204.

的跟基督教的《圣经》有关，有的出自文学名著，有的来自美国的电影、电视、畅销书和流行歌曲。以下是笔者同英国、美国、澳大利亚朋友有限的交往中听到，并随时记录的部分语句：

（43）What's his *Achilles' heel*?

（44）That guy's got a *Midas touch*.

（45）You're a *Jonah*.

（46）Number 13? Better let me have a Number 15.

（47）*It never rains but it pours*, you know.

（48）There are *Micawbers* everywhere.

（49）He's a sort of *Steward Granger*.

你纵然能从词典中查到 Achilles' heel 指"唯一的致命弱点"，Jonah 指"非常不幸的人"，never rains but it pours 这个谚语作"不雨则已，一雨倾盆"讲，Micawber 是英国作家狄更斯笔下的人物，代表不考虑未来，老幻想突然走运的乐天派，却未必能领会它们背后隐含的深刻意义。至于 Midas touch 是"点物成金之术（此处指会做生意），"十三"是西方人忌讳的数字，Steward Granger 是经常演侠义人物的英国电影明星。这些词语在一般的词典中都不一定能查到。英语口语中尚且有那么多代表其独特文化的词语，文学作品中就更不用说了。

3.3　历史对语义的影响反映在语义的历史演变中。这种演变可分成四类：（1）意义的缩小；（2）意义的扩大；（3）意义的转移；（4）其他，如意义的夸张、意义的婉化、意义的隐讳、意义的"恶化"和"好转"等等。① 关于这些问题，历史语义学家

---

① 参看高名凯，《语言论》，北京：科学出版社，1963年，第221页。

和词源学家有专门的研究。对我们来说，重要的是要善于根据一定的历史环境来理解词语的涵义。譬如18、19世纪小说中提到的 cab 指的是"出租马车"，而不是"出租汽车"；莎士比亚笔下的 pen 是"鹅毛笔，"而不是"钢笔"。John built a house north of Ottawa. 在今天意味着"约翰请建筑公司派工程队替他在渥太华北部盖房"。而此句若写于19世纪，那么含义就成了"约翰亲自动手在渥太华北部盖房"。He bought a car. 在20世纪初是阔绰的表现，而现在却很平常。所有这些知识只有通过大量阅读文学作品，熟习历史背景，钻研英语词语的演变才能获得。

§4　语体风格环境和语义

4.0　以上讲的语言环境、副语言环境和社会文化环境，都是社会约定俗成的客观环境。这里要讲的语体风格环境却是代表个人风格的主观环境。研究语义固然要强调语言的客观环境，但与此同时也不能不注意它的主观环境。文学家、诗人的创作具有最鲜明的语体风格，因此这里重点谈他们的风格环境。

4.1　有人在美国听到一个工人说：

（50）Today *the eagle* flies.

说的是什么意思，连一般的美国人也不一定知道。原来他的 the eagle 是指美钞，整个句子是说："今天是发薪的日子"。这种根据个人的想象赋予词语的新义在语义学上叫词语的偶有意义（occasional meaning），而想象本身则是我们所谓的语体风格环境。文学家、诗人最富于想象、最善于创新，他们的语言是形象思维的产物，除了具有全民语言共有的语义，还包含了作者独有的形象意义、表情意义、修辞意义、风格意义。作者独有的那些意义都是语言的偶有意义。它们不能按约定俗成的规则和逻辑推理的方法去理解，只能靠研究作者的语体风格、玩味作品的感情意境来领会。试看美国 19 世纪诗人 Emily Dickinson 的一首诗：

Essential Oils are wrung —

The Attar from the Rose

Be not expressed by Suns —alone —

It is the gift of Screws —

The General Rose —decay —

But this —in Lady's Drawer

Make Summer — When the Lady lie

In Ceaseless Rosemary —[1]

全诗没有一个艰涩的字眼，然而其中 Essential Oils，the Rose，Summer 和 Ceaseless 何指，只有从 Dickinson 的个人风格词典中，亦即她的风格环境中才能找到。

文学家、诗人传达形象意义和感情意义的基本手法是比喻。比喻在文学上分隐喻（metaphor）、转喻（metonymy）、提喻（synecdoche）和误喻（catachresis）；在语义学上却一律叫转义，通俗地说就是根据想象从原义向新义"过桥"。英国语义学家利奇（Geoffrey Leech）在讨论盎格鲁－撒克逊诗人将 horse 比作 ship 时，用两个图表展示过这种意义的"过桥"：[2]

---

① Thomas H. Johnson，ed. *The Poems of Emily Dickinson*, vol. 2. Cambridge: Belknap Press, p.225.

② Geoffrey Leech: Semantics. *The Study of Meaning*. London: Penguin Books, 1974, pp.45–46.

1. Categories in the Language

Horse	Ship
1）animate	1）inanimate
2）on land	2）on sea
3）[for travelling on]	3）for travelling on
4）[with up–and–down movement]	4）[with up–and–down movement]
5）[for warfare，etc.]	5）[for warfare，etc.]

2. New Category Brought out by Metaphor

Horse	Ship
1）animate	1）inanimate
2）on land	2）on land
3）for travelling on	3）[for travelling on]
4）[with up–and–down movement]	4）[with up–and–down movement]
5）[for warfare，etc.]	5）[for warfare，etc.]

我们也可用这种方法探索前引诗中 Essential Oils 等词的新义：

Essential Oils

1）volatile liquid	
2）used in perfumery	
3）[essence of beauty]	1）essence of beauty
4）[fruit of labor]	2）[fruit of labor]
5）[for enjoyment]	3）[for enjoyment]
	4）overflow of feelings
	5）metrical writing

Poetry

既然 Essential Oils 是指诗歌，那么 the Rose 显然就是生命，诗的主题大概就是：诗歌是生命的结晶，诗人的生命有限，诗人的诗篇永存。

4.2　利奇的方法叫语义成分分析法，这种方法可以帮助我们挖掘文学语言的偶有意义。但是文学家、诗人的想象是极其丰富的，内心是极其复杂的。他们可以利用词语的任何一个或几个语义成分，向自己所要表现的意义"过桥"。同是 rose 一词，莎士比亚（Shakespeare）把它比作完人（"The expectancy and rose of the fair state"）；彭斯（Robert Burns）将它比作情人（"O My Luve's like a red, red rose"）；叶芝用它来象征永恒的美（"The Rose of the world"）；而迪金森又用它比喻生活和生命。我们究竟根据什么来确定作者转义的着眼点和方向呢？回答是：根据作者的语体风格环境。语体风格环境又在哪里呢？对作者而言在他的社会、在他的经历、在他的内心、在他的意境。对读者而言虽尚须了解作者的背景和经历，主要还要反复读作品本身。作品是风格的结晶，它凝聚着作者的思想和艺术；作品是风格的镜子，它反映了作者的语体和感情。文学的语言是艺术的语言，它的表层代表着普通的语境，传达语言的普遍意义；它的深层包含着作者的风格环境，蕴藏着作者的形象意义、感情意义、修辞意义和风格意义。要理解文学的字面意义只须凭借作品的语境和社会文化环境；要发掘文学的风格意义却必须靠反复诵读和运用形象思维，到作品的深处去寻觅。

我们回头再来看前面引过的诗句。迪金森的诗初读固然难以领会诗意，但是诵读数遍我们便会发现，诗中的 Essential Oils 以不同形式出现了四遍：Essential Oils，The Attar，It 和 this，用词一个比一个简单；它们构成了三个形象：The Attar from the Rose，the gift of Screws 和 Make Summer——When the Lady lie/In Ceaseless Rosemary，寓义一个比一个崇高伟大。诗歌的语言是形象的语言，它靠形象打破词语的常义，靠形象建立词语的新义。Essential Oils 的三个形象一旦在我们脑中再现，它们的字面意义就消失了，它们的风格意义就浮现了：The Attar from the Rose → essence of beauty；the gift of Screws → fruit of labor；Make Summer → give enjoyment。再者，这个丰美的形象又是和"in Lady's Drawer"、"When the Lady lie/In Ceaseless Rosemary"联系在一起的。于是 Essential Oils 的意义便转化了，它不是一般的精油，而是诗人用心血铸成的留芳百世的诗篇。

理解常义要兼顾狭义和广义的语境，探索风格也要看作者的经历和他的全部作品和言论。我们如果了解迪金森是 19 世纪美国新英格兰地区闺阁诗人，善于用简单的词语、平凡的形象表达深奥的哲理，寄托高洁的情操，那么对这一首诗所蕴藏的意义就能挖掘得更深。迪金森的诗常以断言启首，悲哀告终；她所描绘的生活，一方面无限甜蜜美好（sweetness of life）；另一方面又充满了伤感（that it will never come again）。这一首诗同样流露了这种感情（decay，lie/In Ceaseless Rosemary[①]）。不了解诗人的生平，不熟悉诗人的作品，是不能体会到这一层感情意义的。

4.3　文学语言的风格意义既然寄托在语言的深层，那么语

[①]　此句在 Dickinson 的另一诗稿中为 lie/In Spiceless Sepulchre, 见 Thomas H. Johnson, ed. *The Poems of Emily Dickinson*, vol. 2, p.225.

言的表层有无暗示与线索呢？有。文学家、诗人要创造风格就要追求变异和新颖，因此其作品中的变异和新颖就是我们探索风格意义的线索。

变异和新颖可以表现在用词上。美国诗人迪金森一反当时用词艰涩的诗风，用最简单的词语写诗是一种变异；英国当代诗人麦克狄米德（Hugh MacDiarmid）把罕见古怪的科学名词用于诗句也是一种变异。① 莎士比亚在 "The expectancy and rose of the fair state"② 中把抽象名词和具体名词并列在一起，唤起了我们的想象，从而使抽象名词的意义和具体名词的意义相互转化。17 世纪诗人邓恩（John Donne）在 "A bracelet of bright hair about the bone"③ 中把 "bright hair" 与 "bone" 放在一处，形成一个突然的对照，也启发了读者的异想。

变异和新颖也能体现在音韵上。英国中古诗人乔叟善于将单音节词变双音节，构成音韵的变异，使诗句产生流水般的音乐效果。英国浪漫主义诗人华兹华斯将他的《修女院院长的故事》（*The Prioress's Tale*）译成 19 世纪英语，评论家阿诺德（Matthew Arnold）便下了 "The charm is departed" 的评语。④19 世纪英国诗人丁尼生善于用叠韵创造新颖，他的 "And murmuring of innumerable bees"⑤ 包含着动人的音乐与音韵，只要换一个词儿就能使它包含的美全部失去。

---

① 参看王佐良《分析一首现代诗》，《英语文体学论文集》，1980年。
② Hamlet III, i, 152.
③ "The Relic"，见 *The Norton Anthology of English Literature*, vol. 1. New York: W. W. Norton, p.1077.
④ "The Study of Poetry"，见上引书 vol. 2, p.959.
⑤ "The Princess:Come Down, O Maid"，见上引书, p.750.

变异和新颖还可以反映在形态上。语言中词类的互换、形态的变异都是风格的信号，都包含着意义。迪金森诗中有四个动词用了绝对形式（Be，decay，Make，lie），它使人感到诗人是在宣布永恒的哲理。一向主张语言要规范化的英国散文家斯威夫特（Jonathan Swift）在形容埃迪森（Addison）时写道："Let him *fine-lady* it to the end，① 一个词类活用便露出了他讽刺的涵义。

变异和新颖还常表现在结构上。以试验文体手段著称的爱尔兰现代派小说家乔伊斯曾试验过篇章结构的改革。他的小说《芬尼根守灵夜》（*Finnegans Wake*）结尾是个无尾的句子：

The keys to. Given! A way a lone a last a loved a long the

原来它可以和小说开头第一句接上，形成一个圆周，表现一个无头无尾，无始无终的形象。

语义学管变异和新颖叫新奇价值（surprise value）。这方面的研究表明：语言越新颖，它的新奇价值越高，传达的信息也越多。Dog bites man 与 Man bites dog 相比，后者显然比前者新奇，容易引起听者注意，从而增加了"新奇价值"。② 文学家、诗人善于利用这点，抒发思想和感情，我们研究文学的语义，也不妨从"新奇价值"入手去探索它的形象意义、表情意义、修辞意义、风格意义。

原刊于《外语教学与研究》1981 年第 1 期

---

① 转引自王佐良，《英语文体学论文集》，第37页。
② 参看John Lyons. *Semantics*, vol. 1, p.45.

8

《汉语语法分析问题》评介 [①]

吕叔湘著　商务印书馆 1979 年 6 月出版

汉语语法学自 1898 年《马氏文通》问世 80 余年来经过了三个发展阶段，出现过两个盛期。[②]20 世纪 30 至 40 年代语法学者相继引用西方语言学新理论研究分析汉语语法问题，从赵元任、王力到吕叔湘、高名凯，巨著迭出，各成体系，形成了汉语语法学的第一个盛期。中华人民共和国成立后在党的领导下，全国掀起了一个学习语法、研究语法的热潮，先后开展了三次语法辩论，几年间出版上百部语法专著，形成了第二个语法研究的高潮。此后十余年由于"四人帮"的干扰，语法研究一度沉寂。西方语言学不断发展，汉语语言现状也在变化，而汉语语法领域却

---

① 张志公先生、阎崇璩先生曾对本文初稿提出宝贵意见，谨此致谢。
② 1898 年至 1935 年为第一阶段，1935 年至 1949 年为第二阶段，中华人民共和国成立后为第三阶段。

多年拿不出一部能对丰富复杂的现代汉语作出科学、全面描述的语法全书。吕叔湘先生 1979 年发表的《汉语语法分析问题》（以下简称《分析问题》）一方面坚持以我国传统的语法论为指导；另一方面又广泛吸取当代各主要语法流派描述方法上的优点，对基本的理论和实际问题，尤其是语法体系问题进行了系统的探讨。他继往开来，及时适应了语法学习和研究的需要，在一定意义上堪称是我国语法研究的经验总结和理论概括。

《分析问题》分引言、单位、分类、结构四章。从指导思想看，吕先生主张以传统语法为本，利用其理论骨架，兼采欧美各派之长，力图兼收并蓄，使汉语语法学在革新中稳步探索前进。

一、

在语法单位问题上《分析问题》采用了结构主义学派的某些见解，把语言分解为语素、词、短语、小句和句子等基本单位，并根据汉语的具体情况逐一划了界。过去汉语语法只讲"字"、"词"、"句"，以后吕先生曾采用丹麦语言学家奥托·叶斯柏森（Jens Otto Harry Jespersen，1860–1943）的理论谈词组和词结，解放后他又改称短语。① 明确地舍弃"字"而采用"语素"作为汉语语法的基本单位，看来是个名称问题，其实却是个加强语法研究的严密性、科学性的问题。"字"既是语法单位，又是语言单位和书写单位，还是日常用语，概念十分混杂。"巧克力"是

① 见吕叔湘，《中国文法要略》，北京：商务印书馆，1954年4月第7版，上卷，第113页；吕叔湘、朱德熙，《语法修辞讲话》，北京：中国青年出版社，1953年，第9页。

三个字，但在语法上只能算一个单位，"公"是一个字，由于一字多义，在语法上却代表了几个单位。采用语素作为汉语基本语言单位就解决了这些矛盾。它可以是单音节，也可以是双音节或多音节，因此"走"、"疙瘩"、"巧克力"各是一个语素；反之，一字多义却可以代表几个语素。这样名称和语法单位就一致了，语法分析也就严密了。

短语这个术语过去就常提，但它往往与词组、结构等概念混淆不清。吕先生认为短语这个名称比词组与结构好，主张把词与小句之间的单位统称为短语（其中包括必须包含两个以上实词的词组与一个实词搭一个虚词的"介词结构"、"的字结构"等）。他还特别强调了短语在语法分析中的地位。这似乎是采用了转换语法的见解，其实还是从汉语语言实际出发，吸收各派所长，弥补传统语法的不足，使其更充分体现语义特点的"为我所用"的做法。"老王不喜欢喝酒"，按传统语法的句子成分分析法分析，先将主语和谓语摘出，就成了"老王喜欢"。显然与原意不符。采用短语分析就可以把"不喜欢"看作一个动词短语（VP），"喝酒"看作一个由动宾短语词组构成的名词短语（NP）；整个句子是一个 N+VP+NP 形式的简单句。其中"老王"（N）是主语，"不喜欢喝酒"（VP+NP）是谓语。这样分析就从根本上解决了结构与语义之间的矛盾。

《分析问题》更值得称道的是吕先生根据对汉语的细微观察，发现在短语和词之间还有一种语言单位可命名为短语词，如"信得过"、"瞧不起"、"拿出来"等等。这一区分不仅如实地反映了现代汉语的语言特点，而且解决了汉语语法分析中名称混乱、界限模糊的问题，加强了语法研究的科学性。

《分析问题》尽管在语法单位上采用了结构主义语法的名称，可是包含的意思却不尽相同。美国结构主义语法学家布龙菲尔德（Leonard Bloomfield）把语素定义为最小的语法单位，《分析问题》却强调语素是"最小的语音语义结合体"，前者只讲形式不讲意义，后者既讲形式又讲意义，泾渭十分分明。[①] 关于短语，转换语法认为 NP 或 VP 可以是几个词，也可以是一个词（这一说法近年来也为结构语法接受），《分析问题》却明确规定短语是比词大比句小的中间单位（第 27 页）。这充分体现了吕先生一方面积极采用当代语言学通用名称，以适应语法研究系统化、标准化的要求，另一方面又坚持以传统语法为本，对汉语具体问题作具体分析。

二、

词法体系的中心问题是词类划分及其标准问题。在这个问题上，吕先生坚持其一贯主张，原则上采用多重标准，即兼顾功能、形态、语义，实际上根据汉语缺少严格意义的形态变化这一事实以句法功能（包括与特定词的接触）为主要依据。[②] 如经常在句子里做谓语的词算一类，成为动词；经常跟动词发声施事、受事或别种关系的词算一类，称为名词。在具体划分中，《分析问题》提出了以下几点值得注意的见解：

[①] 参看 L. Bloomfield. *Language*. New York: Holt，Rinehart and Winston，1933，p.161.

[②] 见吕叔湘，《关于汉语词类的一些原则性问题》，载《中国语文》，1953年第10期，第13-16页。

（甲）把词类分为虚词、实词两种实用意义不大，不如分为封闭的（可列举的）词类和开放的（难以列举的）词类两种。"封闭系"和"开放类"是英国语法学家夸克（R. Quirk）等四人合编的《英语语法大全》提出的词法体系。其理论根据是澳大利亚语言学家韩礼德（M. A. K. Halliday）的"系统功能说"：系统指相互形成对比的一套特征，如果一个语言单位具备其中一个特征就不可能具备另一个特征。韩礼德等人根据此说把语法称为"封闭系"，词汇称为"开放类"。[1] 夸克（Quirk）等人则把这一概念运用于词类划分，在传统的十大词类的基础上又把英语的词分为"封闭系"和"开放类"两种，前者不能随意增加，故称"封闭"，后者可以无限扩大，故为"开放"。这一划分一经提出即为赵元任接受并采用于汉语语法的词类划分。[2] 吕先生显然也赞成以此取代沿用已久但有争议的虚实说。虚实之分与"封闭"词类、"开放"词类之分孰利孰弊固然还可以进一步讨论，不必轻下结论，但是吕先生不拘旧见采用新说的精神却是必须称道与发扬的。

（乙）词类有必要细分两、三次，分得愈细愈易看出彼此不同特征，愈易抓住本质，推进语法研究。学科与学科之间的搭桥和学科内部的细分可谓现代科学之两大特点，现代语言学当然也不例外。翻开一部现代语法全书，你就会发现每个词类都要细分几次，可列举词类往往一直分到每一个词。夸克等人的《英语语法大全》是如此，赵元任的《汉语口语语法》也一样。吕先生认

---

[1] 参看M. A. K. Halliday,. A. McIntosh & P. Strevens, *The Linguistic Sciences and Language Teaching.* London: Longmans, 1964, p.33.

[2] 见赵元任，《汉语口语语法》，吕叔湘译，北京：商务印书馆，1979年，第9页。

为一部较详细的语法书原则上总该把每个可列举的词类成员全部列出。这是很有道理的。经他审定后发表的《现代汉语八百词》（1979）正是这方面的一种尝试，不过范围较广不限于封闭词类罢了。

（丙）不妨把形容词合并于动词，作为一个半独立的小类。这一主张的根据是汉语动词和形容词具有很多共同特点，而且是重要的特点。例如，它们都可以直接作谓语，都可加"不"字表示否定，都可用"X 不 X"的形式来提问等等。但它们之间也有不同之处。如大多数动词能用"没"字表示否定，能带"着、了"，能以 ABAB 方式重叠，而大多数形容词却不能如此。形容词归作动词一小类也是赵元任的主张，吕先生的独到之处在于他又观察到有些形容词不能直接作谓语，只能修饰名词；如果要用它作谓语，前面必须加"是"，后面必须加"的"；而且表示否定时不用"不"而用"非"。例如单语素的"男、女、雌、雄、正、副"，复语素的"个别、共同、主要、新生、无记名、多弹头"等等。吕先生提议把它们另划一小类，命名为"非谓形容词"，这充分表现了他治学的精细严密。

三、

《分析问题》在句法体系上主张利用结构主义语法的层次分析法以补救传统语法的句子成分分析法之不足，采取二者结合的方式，先一层层分出直接成分，明确其关系，然后安上句子成分的名称。结构主义学派的层次分析法又叫直接成分分析法

（immediate constituent analysis），它由大到小，层层切分直至单个语素，同时辨明其结构关系，如联合关系、主从关系、表述关系等等。它比传统语法不分层次，直接从句中摘出两词分别定作主语和谓语，然后把其他成分堆积上去，对于正确理解句意要好得多。因此吕先生认为"有必要吸收层次分析法的长处，借以丰富自己"（第62页）。但是值得注意的是结构主义语法规定直接成分分析要用切分（segmentation）和分类（classification）的方法层层解剖找出语素，切分中不能考虑意义。这显然是欺人之谈，因为切分也好，分类也好，总不能盲目乱切乱分，只有理解了意义才能切对分对。吕先生在这个问题上与结构主义学派采取了截然不同的态度，那就是承认结构与语义的相互影响，既分层次又讲成分。

更为重要的是，吕先生不仅注意到结构主义语法只讲形式不究内涵，而且看到传统语法虽讲语义，却往往忽视潜在语法特征的揭示，因而提出除了利用结构主义语法的层次分析法来补救外，还要注意句子成分与句子成分之间语义的联系，不能贴上成分标签就算完事。为了说明这一问题，吕先生举例分析了带双宾语、连动式、联合短语等的各种句式复杂的内在关系，采用类似转换语法的"转换法"来揭示其潜在的句法特征。如：

"老张和老李是山东人"、"老张和老李是同乡"，这两句话的形式和所含的句子成分完全一样，靠层次分析法与成分分析法的结合还不足以暴露其内在的联系和差异。用"转换法"却可以测出同一个联合短语是"加而不合"，还是"加而且合"。前句可以转换成"老张是山东人，老李是山东人"，因此"老张和老李"是"加而不合"的联合短语；后句不能转换成"老张是同乡，老李是同乡"，因此"老张和老李"成了"加而且合"的联合短语。这样分析就揭示了汉语中很多同形异构和歧义句的实质。

必须指出，尽管《分析问题》在分析句法的隐性关系时采用的句型转换法有点类似美国结构主义语言学家哈里斯（Z. S. Harris）提出的核心句向非核心句转换，可是它与乔姆斯基（Noam Chomsky）所谓从"深层结构"向"表层结构"转换仍有根本的区别。前者是从语义出发确立结构，并依靠传统的分类法通过语言揭示句法隐性关系；后者则从深层结构的生成出发，依靠成套的系统规则，通过大量公式符号进行语言的描述。两者有着本质的区别。

此外，《分析问题》还对汉语句法上长期争论不休的主语－宾语等问题进行了全面的归纳分析。吕先生认为主语－宾语问题的症结在于位置先后（动词之前，动词之后）和施受关系的矛盾，"意义论"根据施受关系定主宾是不对的，"结构论"完全按位置定成分也欠妥善。要解决这一矛盾关键在于认清名、动关系不限于施受关系，主宾也并非互相对待的两种成分。主语是对谓语而言，宾语是对动词而言，二者本来就不在一个轴上。吕先生认为宾语这个名称往往给人以与主语相对的假象，因此要根本解决这一问题还得改掉这个惑人的名称。为此，他提议把宾语改称补语，而将原补语中一部分表示结果、程度的词语划归状语。这是吕先生为完善汉语语法体系提出的又一个独到的见解。

四、

　　《分析问题》尽管篇幅不多，可是言近旨远，涉及了汉语语法研究中几乎所有重要的问题，提出了很多精辟的见解。有些问题吕先生未作定论，仅提出一个初步的设想，让大家讨论。本文作者研究不深，想就两个问题谈点粗浅的看法，向大家请教。

　　1.《分析问题》在讨论"非谓形容词"时，还提出了一个是否有"唯谓形容词"的问题。它举了"难、容易、多、少、对、错"六个词，说它们"有点像"（第 39 页）。但是我们通过"操作试验"（operational test）测试却可以证明"难、容易、多、少、错"五个词均能作名词或动词的修饰语，构成"难题、难产、容易办、容易修理、多才多艺、多边形、少数、少量、错觉、错字"等短语或词，因此不能算"唯谓形容词"。唯有"对"当正确讲时看来确实不能修饰名词，有点像是"唯谓形容词"，不过它又能在"说得对"、"做得对"等短语中作补语。由此看来是否有必要分出这一小类还值得考虑。

　　2.《分析问题》提议把宾语改称补语，这对于解决施受关系和位置的先后的矛盾，纠正人们对原宾语同主语关系的习惯性错觉固然有利，但是这一改动要牵涉到宾语、补语、状语三大成分内部成员的大调动，语法教学也得随之变动，是否有此必要尚须好好讨论。宾语包括受事以外的事物并非汉语独有的现象。英国语言学家帕尔默（F. Palmer）在谈论英语主宾问题时曾指出，主语不一定是"施事者"（actor），宾语不一定是"受事者"（goal or recipient）。[①] 由此看来宾语这个名称还可以保留，不过必须把它摆在与动词相对的位置上，并针对它的不同功能（施事、受事、当事、工具、结果等）加以细分。

总之，《分析问题》以语法分析问题为纲，结合汉语语法研究的历史和现状，对传统语法进行了全面深入的探讨。尽管吕先生一再强调，他"只提几种看法加以比较；有时候提出自己的意见，也只是聊备一说，以供参考"（第7页），可是由于他站在理论的高度进行了归纳分析，全书还是对汉语语法的单位，词法体系，句法体系等根本问题提出了许多精辟的见解，对语法研究中的好些实际问题也发表了独到的看法。它可以说是我国语法研究的一个历史性总结，也必将开拓人们的思路，为我国语法研究形成一个新的高潮起到重要的推动作用。

原刊于《中国语文教学》1980年第9期

[①] 参看Frank Palmer. *Grammar, Language linguistics series*. London: Penguin Books，1971，p.77–78

9

评介《语法学习讲话》

《语法学习讲话》是张志公先生的一本通俗语法著作。它最初曾在 1958–1960 年的《语文学习》月刊上连载；1962 年经作者修改补充后，由上海教育出版社出版。当时这本书曾在读者中产生过较大的影响。最近上海教育出版社应读者的要求再版了这本书。读者之所以欢迎这本仅有 8 万字的汉语语法小书，是因为它具有通俗、新颖两个特点。因此，今天再来评介这本 20 年前初版的语法著作，也还是有一定意义的。

《语法学习讲话》的第一个特点是通俗易懂，解决问题。

张先生在这本书初版的《前记》中说："近年来我在语法工作方面作过几次尝试。尝试的一项内容是希望把语法讲得尽可能地平易近人些，并且尽可能地对培养语文能力多起点作用。编写这个讲话，是这些尝试工作之一。"汉语语法学自《马氏文通》问世以来出了好些书，作了好些尝试，可是其中为培养使用能力而通俗地描述语法的尝试却作得并不多。而这种尝试又恰恰代表了当代语言学和语言教学的一个新风，代表了语言使用者要求提高使用语言能力的愿望。从这个角度看，张先生的这种尝试就显得格外可贵而重要了。

为了实现这个目标，《语法学习讲话》采取了如下的做法：

一、讲最基本的东西。汉语语法学的问题很多，要详述可以写几大卷书。现在要讲平易近人些，就得删繁就简，拣最基本的东西讲。张先生认为最基本的东西看起来容易，而在实际运用语言的时候却恰恰最容易出毛病；对说汉语的中国人来说最基本的是词的组合，弄清了这个问题，汉语语法中的其他问题，如句子的组合、句子和句子的联系等也就迎刃而解了。在讲词的组合时，作者抓住了偏正、动宾、主谓、并列这四种最基本、最常用的词组关系。每种关系他都列举出几种最基本的格式进行描述。如在讲动宾关系时。他列举了"动宾"、"动宾宾"、"动动宾宾"等几种格式，每种格式都有典型的例句，都分析了常见的毛病，指出了使用中最应该注意的问题。至于像"吃大碗"、"写黑板"、"晒太阳"这样一些习惯用法，他认为说汉语的人一般不会出错，因此在正文中就没有多费笔墨。词的组合在全书占了一半的篇幅，另外一半是讲句子的组合以及句子和句子的联系，亦即语段的组合。句子的组合重点讲了递进、转折、因果、假设等四种基本的组合关系及复杂的句子和长句子。语段的组合只占一章，但讲得言简意赅。由于《语法学习讲话》自始至终抓住了"组合"这个汉语语法中最基本的问题，并从三个平面层层深入进行了描述，因此全书纲目分明，并且通俗易懂。

二、把重点放在应用上。我国的语法书，无论是中华人民共和国成立前写的还是新中国成立后写的，一般都注重理论分析，都要费很多篇幅讲语法名称概念，探讨分析方法。这些名称术语、分析方法往往是学语法的人最头疼的，同时也是语法学者、语文教师在讲汉语语法时最感棘手的。语法学上的很多争论都集中于名称的使用和分析的方法。《语法学习讲话》为了把语法讲得通俗易懂，不讲或者尽量少讲名称术语、分析方法，把重点放到使用上去。这本书几乎没有用什么名称术语，可照样讲了语法、逻辑和修辞，还涉及了语义学上的一些问题。其具体的作法是从使用出发，用通俗的语言描述、分析基本的语言现象，最后归纳总结。如在讲词的组合时，它用了"前边的限制后边的"、"前边的支配后边的"、"后边的说明前边的"、"前后并列"这样一些通俗的词语来代替偏正、动宾、主谓、并列那样一些语法名称；在讲句子的组合时又用了"进一层"、"另一面"、"原因和结果，理由和论断"、"假设和条件"等普通读者熟悉的语言来描述复杂句中的语法、逻辑关系，避免了许多专门的术语，从而也节省了为这些术语下定义的篇幅。在分析句子结构时，作者采用了"层次分析法"，亦即结构主义学派提出的"直接成分分析法"，但是他在文中并没有提及这两个专业的语法名称。他的描述方法是先给读者看两个例句，然后指出："研究这两个句子，我们就会发现，每个句子都是由前后半截组成的"（第11页）。[①]接着便对这两个句子作一层一层的对分，并列图示意，使读者一目了然；最后归纳指出："两个两个地往一起组合，一直组合到

[①]　本文引用张志公《语法学习讲话》（修订本）的文字，一律只在括弧里注明页码。

能够表达一个完整的意思，成为一句话，这是汉语的基本构造方式。还有别的方式，不过这个是最基本的"（第12页）。这样做的好处很多，最主要的是：从使用中的言语，而不是从概念、定义出发，通俗地描述语法，更便于读者—尤其初级程度的读者—理解、记忆、掌握和使用，因而也更解决问题。

从另一方面看，这本书也并没有舍弃理论方面的探讨。我们只消把散见于各页的话拼在一起，就能看到作者的基本论点和他的用心：

1."语言跟一切事物一样，经常在发展变化之中。""它具有互相矛盾而统一的两种因素—— 一是老要保持一定的规矩，不乱；一是老要突破原有的规矩，产生出新的东西，不停"（第4、5页）。

语言发展变化的观点是当代语言学的一个重要观点。从这点出发判断一句话说得对不对、好不好的标准就是实际的使用，而非一成不变的规则，作者在书中一开头就强调了这个观点，指出：对不对、好不好的问题不能看得太随便，也不能看得太死（第5页）。这是辩证的，也是符合语言发展规律的。

2."在实际运用之中，语法在许多情形之下都是和逻辑分不开的。""把语法上用词选句的一些规矩同逻辑联系起来考虑，会使语法更有用一点。甚至于对帮助读者培养思维严密的习惯，可能会有点好处"（"再版序言"，第4页）。

关于语法与逻辑的关系，《语文学习》杂志在1956年曾进行过一次讨论。[①] 讨论中不少学者认为语法、逻辑虽然属于不同的范畴，但二者有密切的联系，在语言的实际运用中很难分开。

---

① 《语文学习》1956年1月。

《语法学习讲话》既然着眼于培养语文能力，侧重于讲语言的应用，自然就要把语法、逻辑合于一家。事实上在这本书里有许多问题干脆是从逻辑的角度去讲的。前几节讲"前边的支配后边的"、"前后并列的"等组合关系涉及了逻辑上的内涵和外延、分类和归类等概念，后面讲原因与结果、理由与论断、假设与条件，则更是直接在讲逻辑的问题。这种把语法、逻辑合于一家的讲法在国外的语法著作中已很常见，然而在我国却还是比较新鲜的。

3."运用主语加谓语这种组合，要从结构和意义的配合两方面注意"。"有的谓语是对主语作一般的说明，……有的谓语是对主语作生动的描绘，……有的谓语是对主语做确切的解释，构成科学的定义或近于下定义性质的话"（第38、39页）。

讲语法既强调结构又注意意义，这是我国传统语法的一大特点。美国结构主义语言学只讲形态、结构，不讲意义，在一段时间内曾对我国的语法研究产生过影响。吕叔湘先生在《汉语语法分析问题》中指出："不能满足于说出这是什么成分，那是什么成分；换句话说，不能贴上标签就完事……比如动词谓语句里出现一个或几个名词，它们跟动词的语义联系是多种多样的，这种语义联系决定它们在句子里的活动方式。"[1]《语法学习讲话》正是从结构和意义两方面入手，对进一步描述谓语、宾语等成分作了尝试，不过这种尝试还是初步的，它同当代一些细致入微的描述语法著作相比还显得有点粗糙。

4."我们说的每一句话都有一定的语气情态。表达思想、感情，语气情态是很重要的一个方面"（第62页）。

---

[1]　吕叔湘，《汉语语法分析问题》，北京：商务印书馆，1979年，第65页。

《语法学习讲话》对汉语的语气情态作了语义的分析。它举例说明陈述语气有相当肯定、一般肯定、和缓、委婉、否定、含感情色彩或言外之意等语义的差别；疑问语气有形式上的疑问，实际上的请求和反问。而反问又包含责备、质问与促使听者思考等不同的意味；祈使语气有坚决命令、严峻制止、请求、建议、催促等种种区别；感叹语气也有赞美、惊讶、哀伤、恐惧、轻蔑、愤慨等不同的情态。

5. "一段之中，句子和句子是紧密联系在一起的。""从应用的角度着眼，我们也可以略为前进一步，注意一下一段之中句子和句子的联系情况……"（第 102 页）

传统语法一般都以句子为界。突破句子的界限，描述句子与句子之间的联系，这在过去的语法研究中还是不多的。张先生在 1962 年之前就讲语段，还列举描述、记叙、政论等各种文体的实例作具体的分析，这是很值得称道的。可惜的是，这个可贵的尝试在当时没有引起争论或反响，以后又由于种种原因而夭折了。在此同时，西方和苏联的语言学界却竞相研究这一课题，发表了大量专著和论文，作出了各自的贡献。这个事实值得我们深思。

《语法学习讲话》虽然具有通俗、新颖等优点，却也存在一些可以商榷的问题。

首先，它的分析方法还有不一致的地方。在探讨动宾词组时以结构为主，意义为辅，在描述主谓词组时又以意义为主，结构为辅。从应用的角度看，这样比较好讲，也易于为读者接受，但是在理论上却是不严谨的。这样做的结果必然会出现漏洞。

其次，这本书以新颖见长，可是在采用例句的问题上却因袭旧规，取例多限于文学名著与报刊文章，忽视了口头语。从索绪尔（F. de Saussure）以来，语言学研究纠正了轻视口头语的作法，可是中华人民共和国成立后不少语法著作依然是以讲书面语言为主。《语法学习讲话》既然侧重讲汉语的应用，就应该兼顾书面、口头两种语体，适当从电视、电影、即席讲话、电话实况记录、日常交谈中收录一些例句，使语言材料具有更大的现实性和更广泛的代表性。

此外，这本书最大的不足是问题提出了，构架搭起了，但缺乏充实的内容和详尽的描述。作者显然对语法研究有设想、有见地，但许多问题只是蜻蜓点水般地讲了一下，并没有深入下去。善于思索的读者感到不过瘾。他在《再版序言》中说，初版时"多少带点放个'测探气球'的意思"，以后读者的欢迎"壮了我的胆；我决心继续试下去"，但"客观情况没有允许我这样作"。时隔 20 年后，国外的语言学研究有了很大的进展，汉语的语言本身也有了一些变化；我们在描述语法和教学语法研究上的不足急待弥补，《语法学习讲话》所开始的从应用着手讲语法的探索也急待继续。我们殷切地期望作者，期望广大语法工作者在语法研究上作进一步的探索与尝试，写出更多既通俗又新颖，既充实又详尽的语法著作来。

原刊于《中国语文》1981 年第 6 期

10

用语义学的几个原理分析现代汉语

本文试图用语义学的几个基本原理对现代汉语作一点初步的分析。

一、语义成分分析 [①]

语义成分分析是分析词义的基本方法。词义包括概念意义、语法意义、修辞意义。语义成分分析主要分析词的概念意义。分析时先找出词的总概念，然后逐级找出它的属概念。例如"单身汉"一词的总概念是"人"，属概念是"男人"、"成人"、"无妻"，可写作：

[①] 语义成分分析有几种不同的模式，我们这里主要采用凯茨（Katz）与弗德〔Fodor〕的体系（见J. J. Katz and J. A. Fodor, "The Structure of a Semantic Theory," *Language* 9.2（1963））；同时也参考了F. R. 帕尔默（F. R. Palmer）与约翰 · 莱昂斯（John Lyons）的有关论述（见John Lyons. *Semantics*. Cambridge: Cambridge University, 1977, vol. 2, sections 10.5 and 13.4）。

（＋人＋男＋成－妻）

其中"＋"表示具有这种成分，"－"表示具有与此相对或相反的成分，或不具有这种成分，（）表示里面的词语是元语言（以区别于被描写的语言）。"光棍儿"与"单身汉"同义，它的语义成分也是：

（＋人＋男＋成－妻）

"冰棍儿"与"光棍儿"意义不同，其语义成分式也不同：

（＋食＋果水＋冰冻＋小棍儿）

根据这个原理，我们可以把男人、女人、男孩、女孩这四个词分别写成：

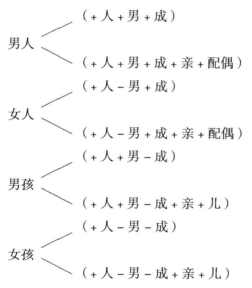

男人
（＋人＋男＋成）
（＋人＋男＋成＋亲＋配偶）

女人
（＋人－男＋成）
（＋人－男＋成＋亲＋配偶）

男孩
（＋人＋男－成）
（＋人＋男－成＋亲＋儿）

女孩
（＋人－男－成）
（＋人－男－成＋亲＋儿）

这里的指示线（——）表示语义通路，一个指示线表示有一条通路，两个指示线表示有两条通路。以此类推，一个多义词可以有三条、四条，以至十几条通路。通路越少，潜在的歧义越少，通路越多，潜在的歧义也越多。

以上举的都是名词的例子。动词比名词复杂，如何从语义上分类值得探讨。是否可以先分静态、动态两大类？静态的如＋有／－有、＋是／－是、＋知／－知、＋在／－在。动态的是否可以进一步分成变动、使动等几小类？如果能这样分，那么许多表示变动的动词都能在静态动词的基础上表示出来：

得到→（－有→＋有）

失去→（＋有→－有）

得知→（－知→＋知）

忘记→（＋知→－知）

来→（－在→＋在）

去→（＋在→－在）

得到下面有收到、拿到、领到、借到、买到、购到、赢到、夺到等词。失去下面有用掉、花掉、卖掉、丢掉、借掉、寄掉、送掉、烧掉等词。得知下面有听到、看到、读到、学到、认识到等词。这些词的意义都能在上属概念成分分析的基础上描写出来。

动态动词的另一类型是使动。杀、害、教、养、修、装、开、关等词都可归这类。它们的语义成分不妨这样表示：①

杀→（使＋活→－活）

害→（使＋好→－好）

---

① 杀、害、教、养等词都是多义词，这里描写的只是其中的一个义项。

122

教→（使 – 知→ + 知）

养→（使 – 大→ + 大）

语义成分分析精确地描写了词语的概念意义，我们可以用它来解释歧义、同义、反义、同语反复、自相矛盾等种种语言现象。例如"花"字有十几条语义通路，所以单用时往往含歧义，"看花"可指看花卉，亦可指看盆花或看礼花；"单身汉"与"光棍儿"语义成分相同，所以二者属同义词；"男人"与"女人"的语义成分中有一个成分相反，所以二者是反义词；"往事"的语义中包含"过去"的成分，所以"过去的往事"是同义语重复搭配；"往事"的语义中有一个成分与"将来"的意义违抗，所以"将来的往事"是自相矛盾的搭配。

至于排除歧义、识别正常句、异常句等问题，则要用语义选择限制的规则来加以说明。选择限制规则的基础是语义场理论。语义场理论最早由伊普森（Ipsen）和特里尔（Trier）等人提出 ①。以后凯茨（Katz）等人将它用于语义分析。胡正微在《汉语语法场浅探》一文中讨论过这个问题 ②。他所说的语法场实际即为语义场。根据这个理论，词与词、词组与词组间在意义上是互相制约、互相排斥的。词与词按一定的结构关系组合就能相互排除潜在的歧义，表达一定的意义。反过来，它们如果不按这种结构关系组合，就会构成异常句。选择限制可以用尖括弧标示，写在语义成分式的前、后。

---

① 参看见John Lyons,. Semantics,1977, vol. 2, section 8.4。

② 载《中国语文》1980年第4期。

例如：

<人、动物> 吃 <固　　食>

<人、动物> 喝 <液　　食>

<人>修理 <人造物>

<狗>吠 [1]

选择限制的范围大小因词而异。以上四词，"修理"的限制范围比"吃"、"喝"小，可是比"吠"要大。根据这些标式我们可以判定"汽车吃牛奶"、"资本主义喝机器"、"大海修理花生米"、"叔叔在狂吠"等都是异常句；"叔叔吃花生米"、"叔叔喝牛奶"、"叔叔修理汽车"、"狗在狂吠"才是正常的句子。同时我们也能断定"叔叔吃面"的"面"指面条，而不是指脸面、物面、平面或者粉面，因为"吃"字的选择限制排除了"面"字所有其他的意义。

语义成分分析有很多优点，但也有不足的地方。譬如同义词的语义成分方式不同，显不出他们间的差别。为了弥补这个缺陷，我们不妨在语义式后用双尖括弧或方括弧标出语体辩义成分，例如：

妻子 →（+人 – 男 + 成 + 亲 + 配偶）《φ》

老婆 →（+人 – 男 + 成 + 亲 + 配偶）《口》

妻室 →（+人 – 男 + 成 + 亲 + 配偶）《书》

---

[1]　选择限制只限本义，不限转义。

另外值得注意的是语义成分分析在理论上可以说通，实行时却不一定都行得通。汉语中有很多词语无法做这样的分析，因此这种方法只能适当地采用。

二、语义结构分析 [①]

语义结构分析又叫命题演算，它是描写句子语义结构关系的重要方法。

语义结构分析把每个句子看作命题，运用逻辑演算的方法分析句内的语义结构关系。演算时先找出命题的关系中心，再找出各关系项。例如"我爱北京"这个简单句就是一个简单命题，它的关系中心是"爱"，关系项是"我"与"北京"，整个命题可写成：

爱［我·北京］

又如"爸爸给了弟弟一本书"也是个简单命题，它的关系中心是"给"，关系项是"爸爸"、"弟弟"与"一本书"，整个命题可写作：

给［爸爸·弟弟·一本书］

命题演算要注意三个问题：1. 命题的时、体、态在演算式中不表示出来，就现代汉语而言，"了、着、过"这类表示语法意义的词不写入演算式；2. 关系项写在方括号内，中间用

---

① 这里采用的是比尔威奇（Bierwisch）的模式(M. Bierwisch. *Semantics*. London: Penguin, 1970)，但也参考了帕尔默与莱昂斯的论述，（见F. R. Palmer. *Semantics*. Cambridge: Cambridge University Press, 1976, section 6.3; Lyons. *Semantics*. sections 6.2, 6.3, 6.6)。

"·"点开，前后的次序不能任意颠倒；3. 不同的句子表示相同的命题，它们的命题式应当相同，如"猪八戒吃了两个西瓜"、"猪八戒把两个西瓜吃了"、"两个西瓜叫猪八戒吃了"都记作：

吃［猪八戒·两个西瓜］；

同一个句子表示不同的命题，它的命题也应有别。例如"鸡不吃了"可以有"鸡不吃食了"与"我们不吃鸡了"这两种解释，它的命题式也应当有两种；

⌒吃［鸡·食］

⌒吃［我们·鸡］

'⌒'叫作非号，表示否定。两个命题在自然语句中分别省略了"食"与"我们"，命题演算时都要补上。

命题演算还可以用树形图表示。上面两个式子的树形图分别是：

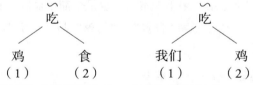

前面举过的"爸爸给弟弟一本书"则应记成：

126

汉语中的"连动式"^①与"兼语式"句式都是 $N_1+V_1+N_2+V_2+N_3$，用树形图描写就能清楚地表示出它们不同的语义结构关系。例如"妈妈叫弟弟吃饭"：

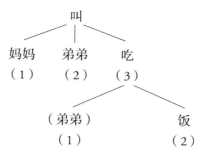

"弟弟用勺子吃饭"：

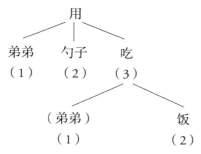

从上图我们可以看出，第一句句子（兼语式）省略的"弟弟"相当于命题的第二关系项；第二句句子（连动式）省略的弟弟相当于命题中的第一关系项。

树形图还能描写更复杂的句子，如"大嫂叫二哥划船接姨妈回来"：

---

① "连动式"两个动词哪个是关系中心，需根据句义确定。这里姑且把"用"当作这个命题的关系中心。

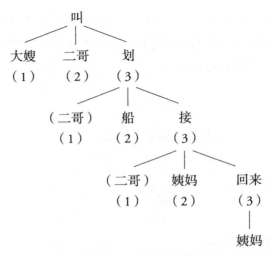

以上讲的都是简单命题，符合命题的演算可以在简单命题演算的基础上进行。关键是确定各支命题的逻辑关系，找出表示这种关系的逻辑联词。命题的逻辑关系大致有三种：联合关系、选择关系、条件关系。如果用"p"和"q"表示各支命题，"∧"、"∨"、"→"等符号代表这三种关系的逻辑联词，那么包含这三种关系的复合命题就可以分别记作：

p ∧ q（读作 p 并且 q）

p ∨ q（读作 p 或者 q）

p → q（读作如果 p 那么 q）

用这几个基本公式，我们就可以演算出很多表示复合命题的语句。例如"喜旺爱李双双，李双双也爱喜旺"：

爱［喜旺·李双双］∧ 爱［李双双·喜旺］；

"那两个苹果或许是他吃的，或许是他弟弟吃的"：

吃［他·两个苹果］∨吃［他弟弟·两个苹果］；

"要是下雨，我们就不去了"：

下雨［天］→﹄去［我们］

联合、选择、条件是三种基本的逻辑关系，它们下面还可以分成几个小类。例如联合关系就包括并列、递进、转折、因果等几种，它们的逻辑意义各不相同。为了标明它们间的差别，我们可以将表示这四种关系的联词分别记作∧ᵇ、∧ᵈ、∧ᶻ、∧ʸᵍ。这样，"他不但懂英文而且懂德文"就可记作：

懂［他·英文］∧ᵈ懂［他·德文］

"他懂英文，可是不懂德文"：

懂［他·英文］∧ᶻ﹄懂［他·德文］；

"太忙了，电影就不看了"；

太忙［我］∧ʸᵍ﹄看［我·电影］

选择关系有相容的与不相容的两种。或者 p 或者 q，或者 p 与 q 叫相容选择；或者 p 或者 q，但不能同时 p 与 q 叫不相容选择。不相容的选择联词可用 v 表示，以便于相容的选择联词 ∨ 有所区别。这样"武松或者把老虎打死，或者被老虎吃掉"就应记成：

打死［武松·老虎］v 吃［老虎·武松］

至于条件关系，则有充分条件、必要条件与充要条件等三类。有 p 必有 q 是充分条件关系，用"→"表示；无 p 必无 q 是必要条件关系，用"←"表示；有 p 必有 q 且无 p 必无 q 叫充要条件关系，用"←→"表示。如：

"如果你来，我就不出去了"：

来［你］→∽出去［我］；

"只有你请他，他才来"：

请［你·他］→来［他］；

"如果月亮遮住了太阳，那么日蚀就会发生"：

遮住［月亮·太阳］⟷发生［日蚀］

　　表示各种命题的语句转换成命题式后，我们可以作各种逻辑运算，推导出一系列新的命题，并根据真值表确定它们的真假值。这要涉及许多逻辑学的知识。在此就不讨论了。

三、语段分析

　　语义分析不仅可以在词一级与句一级进行，而且还能在大于句子的语段一级进行。如果说句子是描写语义的基本单位，那么语段则是解释语义的完整单位。词离开了句就没有确定的意义，句离开了段也会产生一定的歧义。前面提到的"鸡不吃了"，没有上下文就可作两种解释。自然语言中有些语句在不同的场合，用不同的语气可以表达相反的意义。如"对不起"常表示歉意，可有时却是威胁、讽刺。由此看来，研究语义不可不注意语段的意义。

　　语段是由围绕同一内容展开的句子构成的语义体，它的末端有明显的语音停顿。最简短的语段可以是一问一答两句句子，例如：

顾客：《现代汉语词典》有吗？

售货员：对不起，刚卖完。

最长的语段可以有几百句句子。语段第一句句子叫始发句，后面各句叫后续句。始发句与后续句围绕一个内容展开，这个内容叫话题（topic），可以用英文字母 T 表示。每句句子处理话题还有各自的内容，这些内容叫说明（comment），可以用英文字母 C 表示。话题常常在始发句就提出，以后时隐时现于各后续句之间。前面那个简短的语段的话题与说明可以标示如下：

顾客：<u>《现代汉语词典》</u><u>有吗</u>？

　　　　　　　　T　　　　　C

售货员：<u>对不起</u>，（<u>《现代汉语词典》</u>）<u>刚卖完</u>。

　　　　　C_1　　　　　T　　　　C_2

显然，第二句句子省去了它的话题，我们可以把它补上。

语段分析除了要找出话题 / 说明，还要找出主题 / 述题（theme/rheme）。如果说话题 / 说明表现了语段各句的显性关系，那么主题 / 述题则反映了它们的内在联系。自然语段中的话题常与主题重合，如上面那段对话的话题与主题都是《现代汉语词典》。但有时二者也会交叉。下面是一段真实的对话：

勇勇：（1）小海，吃了吗？

小海：（2）干吗？

勇勇：（3）玩会儿球。

小海：（4）还没吃呢。

这段话涉及两个内容：吃饭与玩球。表面看来，（1）"小海，（你）吃（饭）了吗？"（2）"（你）干吗（问我吃没吃饭）？"（4）"（我）还没吃（饭）呢"都与"吃饭"联在一起，唯有（3）"（咱们）玩会儿球"才提"玩球"这个内容。实际上，（1）与

（3）之间有一个条件的关系，（1）是（3）的条件，（3）是（1）的结果，两句话连在一起，意思是如果你吃了饭，那么咱们就玩会儿球。（2）"干吗？"是插在（1）与（3）之间的一句话，由于（1）后面有个停顿，（2）就发问，意思是：如果我吃了饭，咱们干吗？由此引起对方说出了（3）。（4）是一个不完整的因果句，它的结果省去了，意思是：因为我还没有吃饭，所以我不能跟你去玩球。这样一分析，这段话的主题与话题就清楚了：它的话题是"吃饭"而主题却是"玩球"。整个对话可以用两个命题表示：

勇勇：吃（你·饭）→玩（咱们·球）

小海：吃（我·饭）∧ ^{或} ⌣玩（我·球）

从上面的分析我们可以看出，语段分析的关键是找出话题/说明、主题/述题的内在逻辑联系。自然语言的内容比我们举的例子要丰富得多、复杂得多，语句间的逻辑关系也可以表现得十分隐蔽。语段分析是语言学领域的一个新课题。这项研究从20世纪50年代开始，最近20年有了很大的发展。但整个来说，它还处于探索阶段，各家的说法很不一样。以上的分析只提供了一个基本的原理，远远不足以解释自然语言错综复杂的语段结构，如何开展这项研究还有待探索者的共同努力。

原刊于张志公《语文论集》（二）

北京：外语教学与研究出版社，1986 年

第 二 编

形式是内容或意义的一个构成部分，而在文学作品中，一切出之于语言，因此不通过具体语言来分析作品，很难抓住真正的、从表面到深层的意义。同时，又不能只就语言谈语言，还得看看语言背后的社会环境和心智气候。换言之，谈的是语言、技巧的小节，要具体，要深入，但又必须看到它们后面的大块文化或整个思想潮流。

——王佐良《英诗的境界》

11

评莎氏商籁诗的两个译本

　　大凡学英国文学的，读过原著再读译文总觉得不太过瘾。我对英国文学虽无研究，却十分爱好，兴趣最浓的还在诗歌。对莎士比亚、华兹华斯、雪莱、济慈等人的诗尤其推崇，一有闲情就要吟几首，陶醉于崇高的诗境，感到其乐无穷。然而，对于翻译过来的诗，我却常常抱有"译诗译意不传神"的成见，而不屑一顾。最近自己要译点东西，想先求教于前辈，于是找出了莎士比亚商籁诗的两个译本——梁宗岱的和屠岸的——与原著对照逐一读来。读了几首便觉有些滋味。两位译者翻译的风格虽然不同，却都忠于原诗的思想，并基本保持了原诗的艺术形式。越读兴致越浓，有时感到译文颇能传神，不知不觉吟诵起来。翻译能做到这点，天堂的莎士比亚也该满意了吧。

　　商籁诗又名十四行诗，一般人认为是意大利文学的产物。莎士比亚等人写商籁诗是跟意大利人学的。可是意大利的商籁又是何人所创？最近杨宪益先生提出，我国大诗人李白在公元 8 世纪就写过好几首十四行诗，他的《花间一壶酒》(《月下独酌》四首其一）首尾十四行，前八行叶一韵，中间一个间隔，下边六行又叶一韵，形式同早期的意大利商籁诗完全一致。[①] 由此推测商籁可能在中古从中国经大食国传入意大利。商籁诗的渊源还有待历史考证。如若果真是中国，那么中译商籁诗还是有谱可寻的了。

梁宗岱译的莎氏商籁诗收在人民文学出版社 1978 年出版的《莎士比亚全集》第 11 卷。梁译的特色是行文典雅、文笔流畅，既求忠于原文又求形式对称，译得好时不仅意到，而且形到情到韵到。第 33 首原诗读作：

Full many a glorious morning have I seen

Flatter the mountain tops with sovereign eye,

Kissing with golden face the meadows green,

Gilding pale streams with heav'nly alchemy,

Anon permit the basest clouds to ride

With ugly rack on his celestial face,

And from the fórlorn world his visage hide,

Stealing unseen to west with this disgrace.

Ev'n so my sun one early morn did shine

With all-triumphant splendor on my brow;

But out, alack, he was but one hour mine,

The region cloud hath masked him from me now.

---

① 杨宪益，《译余偶拾》，《读书》1979 年第 4 期。

Yet him for this my love no whit disdaineth;

Suns of the world may stain when heav'n's sun staineth. [①]

梁泽为：

> 多少次我曾看见灿烂的朝阳
>
> 用他那至尊的眼媚悦着山顶，
>
> 金色的脸庞吻着青碧的草场，
>
> 把黯淡的溪水镀成一片黄金：
>
> 然后蓦地任那最卑贱的云彩
>
> 带着黑影驰过他神圣的雾颜，
>
> 把他从这凄凉的世界藏起来，
>
> 偷移向西方去掩埋他的污点；
>
> 同样，我的太阳曾在一个清朝
>
> 带着辉煌的光华临照我前额；
>
> 但是唉！他只一刻是我的荣耀，
>
> 下界的乌云已把他和我遮隔。
>
> > 我的爱却并不因此把他鄙贱，
> >
> > 天上的太阳有瑕疵，何况人间！

原诗首尾十四行，译诗也是十四行；原诗每行 10 个音节，译诗每行 12 个字，原诗前 12 行间隔押韵，最后两行单独押韵，译诗也一样。至于译文用词与比喻与原作用词与比喻，也几乎完全对应，尤其"Flatter"一词译作"媚悦"，颇为妥贴。最后一行"Suns of the world may stain when heav'n's sun staineth"译作"天上

---

① 莎氏十四行诗原文皆引自 Stephen Booth, ed. *Shakespeare's Sonnets*. New Haven: Yale University Press, 1977.

的太阳有瑕疵，何况人间！"虽然句式有变，可更合汉语习惯，言简意明，一语概括了全诗的中心。

屠岸译《莎士比亚十四行诗集》于1950年初版，1952年再版。我读到的却是1956年由新文艺出版社出的一个新版本。他的风格是着意明朗，平易清顺，虽求形式与原作接近，却不拘泥于机械等同。其译文更近乎现代口语，文体也更自由洒脱。第33首屠岸的译文是：

多少次我看见，在明媚灿烂的早晨，

那庄严的太阳用目光抚爱着山岗，

用金色的面颊去亲吻一片绿茵，

把灰暗的溪水烈熠得金碧辉煌；

忽而他让最低贱的乌云连同

丑恶的云片驰上他神圣的容颜，

使寂寞的人世看不见他底面孔，

同时他偷偷地西沉，带着污点：

同样，我底太阳在一天清晨

把万丈光芒射到我额角上来；

可是唉！他只属于我片刻光阴，

世上的乌云早把他和我隔开。

　　我爱他的心却丝毫不因此冷淡；

　　天上的太阳会暗，地上的，当然。

屠译与梁译的明显差别是后者按原格律译商籁诗，保持原作的风格；前者却用带自由节奏的散文代替"抑扬格"，每行13、14个字中包含的5个发音单位代替"五音步"，同样体现了原诗的风格。如"多少次我看见，在明媚灿烂的早晨"这一行内就包含了五个发音单位，每个单位先重后轻，读作：

－．．｜－．．｜－．．｜－．．｜－．

多少次｜我看见｜在明媚｜灿烂的｜早晨

至于韵脚，屠译也用心摹原诗的间隔韵，但做得却比梁译宽泛。如"晨"与"茵"，"晨"与"阴"在他也算一韵。其根据是莎士比亚本人用韵也不十分严格。他原诗中就有不少"视韵"（sight-rime）。

屠译的另一特点是着意明朗，行文清顺。第7行"And from the fórlorn world his visage hide,"屠译采用反义法意译为"使寂寞的人世看不见他底面孔，"比直译更为妥贴，也更平易可懂。第11行"Yet him for this my love no whit disdaineth;"译作"我爱他的心却丝毫不因此冷淡"意思也比梁译更加明朗。然而其末句"天上的太阳会暗，地上的，当然。"却不如梁译贴切，尤其"当然"二字似乎为了凑韵，显得平平无力。

人常说格律诗难写，我看按原格律译格律诗更难。凭莎士比亚之才气，写154首商籁诗尚且有几首走了点样（有论者谓莎士比亚故意为之），梁宗岱竟用同一格律译其全诗，其中一半形式和涵义都兼顾得可以，这就不能不令人钦佩了。依我看像商籁这样谨严的格律诗，用原格律译之，译好了读起来朗朗上口，是更入味。第91首前8行原文读作：

Some glory in their birth, some in their skill,

Some in their wealth, some in their body's force,

Some in their garments, though new-fangled ill,

Some in their hawks and hounds, some in their horse;

And every humor hath his adjunct pleasure,

Where in it finds a joy above the rest.

But these particulars are not my measure;

All these I better in one general best.

梁译摹拟原诗，采用对仗格局：

有人夸耀门第，有人夸耀技巧，

有人夸耀财富，有人夸耀体力；

有人夸耀新妆，丑怪尽管时髦；

有人夸耀鹰犬，有人夸耀骏骥；

每种嗜好都各饶特殊的趣味，

每一种都各自以为其乐无穷：

可是这些癖好都不合我口胃——

我把它们融入更大的乐趣中。

不仅句式一一对应，而且清顺地保留了原诗的形象和生动活泼的风格，译得颇能传神。

屠岸此诗的译文是：

人人各有夸耀：夸出身，夸技巧，

夸家财万贯，或者夸体力过人；

也有人夸新装，虽然式样不太好；

夸自己有骏马，或者有猎狗、猎鹰；

个别的生性具有各别的悦乐，

各在其中找到了独有的欢喜；

但个别的享受不是我底准则，

我可进步了：把一切纳入总体。

虽然意思都在，可是句式一变，风格就走了样，读起来远不如原作铿锵有力。"though new-fangled ill!"，译为"虽然式样不太好"不仅不合原诗语体，而且使整段译文失去了诗意。

凡事有其利必有其弊。按原格律译格律诗，译顺了，如鹰展翅凭空翱翔，颇能传达原诗的风格、气势和意象。反之，这种格律又是套在译者头上的紧箍咒，给他以莫大的限制。弄不好，不是行文生硬造作，有损原文诗意，便是隐含晦涩，失去原作的力量。梁氏纵然有很高的语文修养，其译文中也不乏此类实例。第38 首前 8 行的原文是：

How can my muse want subject to invent,

While thou dost breathe, that pour'st into my verse

Thine own sweet argument, too excellent

For every vulgar paper to rehearse?

O give thyself the thanks, if aught in me

Worthy perusal stand against thy sight;

For who's so dumb that cannot write to thee,

When thou thyself dost give invention light?

梁的译文为：

我的诗神怎么会找不到诗料，

当你还呼吸着，灌注给我的诗

以你自己的温馨题材——那么美妙

绝不是一般俗笔所能够抄袭？

哦，感谢你自己吧，如果我诗中

有值得一读的献给你的目光：

哪里有哑巴，写到你，不善祷颂——

既然是你自己照亮他的想象？

不仅保留了原诗的格律，而且句式、语序也完全保持了原样，连跨行都摹拟原文，断在对应的字上。这样拘泥于同原文的形似，结果反而有损于原诗的意象和风格。前四句译文，虽然意思还清楚，可读起来是多么地吃力！后四句，连含义也不太明晰，哪里还有感染的力量。屠岸译这八句诗不拘于原文的句式和语序，且不受字数的限制，着意使译文通顺达意，翻得干净明畅：

我底缪斯怎么会缺少创作主题——

既然你呼吸着，自身就是诗的意趣，

倾注到我诗中，是这样精妙美丽，

不配让任何庸俗的纸笔来宣叙？

如果我诗中有几句值得你看

或者念，呵，你得感谢你自己；

你自己给了人家创作底灵感，

哪个哑巴不会写好了献给你？

"that pour'st into my verse /Thine own sweet argument "译作"自身就是诗的意趣，/倾注到我诗中"，形式上语序作了颠倒，句式也有变换（名词短语换成了分句），可意思却与原文完全吻合，风格也如实地表现了出来。"When thou thyself dost give invention light？"译为"你自己给了人家创作底灵感，"准确地传达了

"light"一词在这句诗中的真意，体现了原诗的主题：赞美友人以青春和美赋予自己创作的灵感。

至于跨行，屠岸的做法是求其自然。上引诗中莎士比亚有三处跨行，屠译体现了这一风格，然而在两处加了逗号，加得得当，一处未加，也显得自然。跨行是莎士比亚的艺术创造和风格。我以为这是他一泻千里的才思和强烈情感的自然流露。机械照搬就会使译文矫揉造作而削弱原诗的思想；吃透原作，任其自然吐露，才能表现出莎士比亚的风格，莎士比亚在第21首中有一句连跨了三行：

> And then believe me, my love is as fair
>
> As any mother's child, though not so bright
>
> As those gold candles fixed in heaven's air.

屠岸的译文是：

> 请相信，我底爱人跟随便哪位
>
> 母亲底孩子一样美，尽管不如
>
> 凝在天上的金烛台那么光辉。

显然是将原诗化作了自己的经验，用汉语再创造时自然形成了跨行。

梁宗岱的译文是：

> 而且，相信我，我的爱可以媲美
>
> 任何母亲的儿子，虽然论明亮
>
> 比不上挂在天空的金色烛台。

完全按原诗语序在相应的词上断句跨行，虽然译得很好，却不如屠译自然。

莎士比亚是不朽的诗人。他的商籁诗是欧洲文艺复兴时代在英国诗坛开出的一枝不败的鲜花。这些诗歌热情地歌颂了友谊和爱、青春和美，歌颂了人生的理想和文艺创作的理想。在诗中莎士比亚任想象的野马驰骋于无比广阔的空间：从生活到自然，从乡村到都市，从法庭、舞台、账房到宫廷、教堂、战场，在丰富的环境中觅取形形式式的形象，生动活泼地表现了自己的主题思想。如何准确恰当地翻译这些形象是对译者的一种挑战。在这个问题上梁译与屠译的差别同他们在格调上的差别恰恰相反：论格调梁译拘泥，屠译灵活；论意象却是梁译灵活，屠译拘板了。第 44 首第 7 行 "For nimble thought can jump both sea and land"，梁译是 "它立刻可以飞越崇山和大海，" 屠译为 "敏捷的思想能跃过大陆跟大海"；第 46 首第 6 行 "A closet never pierced with crystal eyes;" 梁译是 "从没有明眸闯得进它的宝箱"，屠译为 "那密室，水晶眼可永远窥探不到，——"；第 60 首第 1 行 "Like as the waves make towards the pebbled shore，" 梁译是 "像波浪滔滔不息地滚向沙滩，" 屠译为 "正像波涛向卵石的海岸奔涌"。两种译文对意象的处理各不相同：一个稍有变通，一个原样不动，两者各有千秋，都还忠于原文。

又第 12 首第 4 行 "And sable curls all silvered o'er with white，" 梁译是 "青丝的鬓发遍洒着皑皑白雪"。其中 "青丝"、"白雪" 两个形象可能是从李白名句 "君不见高堂明镜悲白发，朝如青丝暮成雪" 中借来的。屠译此句是 "貂黑的鬓发都成了雪白的银丝"，照例运用了原诗的意象。翻译英诗能否采用中国古诗的意象？这是个复杂的问题需要作具体的分析。就此句而论，两种意象比较接近，我看通用一下未尚不可。至于有些民族特色很浓的形象就不宜搬用了。

梁译灵活翻译意象有一定的便利。第 116 首第 5 行 "O no, it is an ever-fixèd mark" 梁译作"哦，决不！爱是亘古长明的灯塔"意象比屠译"不呵！爱是永远固定的标志"具体形象。第 122 首第 9 行 "That poor retention could not so much hold," 梁译为"可怜的手册就无法那样持久"，意象也比屠译"那个可怜的保持器没这种保持力"明晰。第 108 首中的 "sweet boy" 屠译为"甜孩子"；第 133 首中的 "thy steel bosom" 屠译作"你底钢胸"都失之呆板；梁氏分别译为"乖乖"和"你的铁心"就使诗句有了生气。

然而，梁译有些变通与简化却并无道理。第 85 首第 3 行 "Reserve their character with golden quill" 梁氏译作"用金笔刻成辉煌夺目的大字""金笔"究竟指金色的羽管笔还是金尖的钢笔，意义比较含混。屠译为"而黄金的羽管笔下却有了记录"意象就明晰了。

莎士比亚的商籁诗不仅有深邃的思想，而且有炽烈的情感。诗人在诗中，才思横溢，情绪万变。他时而欢愉，时而忧伤；时而嫉妒，时而明朗；时而沉思，时而失望。这些起伏多变的情感充溢在诗歌的语言中，表现在诗歌的旋律上。154 首商籁诗用不同的旋律组合成一部大型的交响乐，表现了英国文艺复兴时代人文主义的理想。如何体现原诗丰富的旋律，传达诗人多变的情绪，这是对译者的又一重大挑战。第 30 首头两行原诗：

> When to the sessions of sweet silent thought
>
> I summon up remembrance of things past,

用了 sweet，silent，thought 和 past 等几个带（t）的长音结尾，缓缓读来有一种平静而凝聚的旋律。

第 19 首开头：

> Devouring time, blunt thou the lion's paws,
>
> And make the earth devour her own sweet brood;

包含着一连串带鼻韵的单元音或双元音：time，blunt，lion，用浑厚的嗓音读来宛如隆隆的雷鸣声。

第 130 首第 3 节最后两行：

> I grant I never saw a goddess go;
>
> My mistress when she walks treads on the ground.

用了几个（g）的头韵和（s）的脚韵，念起来好象带着爽朗的笑声，表现了诗人明快的情绪。

第 143 首头两行：

> Lo, as a careful housewife runs to catch
>
> One of her feathered creatures broke away,

几乎跟聊天一样，带着嘲笑的声调。

这些诗句在梁译和屠译中都有贴切的译文，可是它们的音乐性和旋律却是找不到的。难怪根据鲍斯威尔记录约翰生要说："诗是不能翻译的，诗的美只能保留在原作之中"。浪漫派诗人雪莱在《诗辩》中也说："译诗是白费力气的事"。约翰生和雪莱说诗歌不可翻译，大概就是指诗歌中包含的音韵和旋律不能从一种语言转移到另一种语言去吧。从这层意义上讲，无论梁译还是屠译，都还没有能够打破约翰生和雪莱的断言。此外，更令人遗憾的是莎士比亚商籁诗中有几首最精彩的，如第18首（"Shall I compare thee to a summer's day?"）、第27首（"Weary with toil, I haste me to my bed"）、第30首（"When to the sessions of sweet silent thought"）等，两位译者都译得平常。由此看来翻译外国文学名著还大有可为。莎士比亚商籁诗虽有梁、屠两个全译本和其他几个零星的译作，还有待后来者作新的尝试，用新的风格翻出更好的译文，互相取长补短，促进优秀民族文化的交流。

（原刊于《外国文学》1981 年第 7 期）

12

读戚译莎氏十四行诗

莎士比亚的十四行诗对我们来说并不陌生。零星的中译莎氏十四行诗在中华人民共和国成立前就发表过一些。[1]1950 年，上海文化工作出版社出版了屠岸译的《莎士比亚十四行诗集》，头一次完整地译介了莎士比亚的 154 首十四行诗。[2]同期内孜孜不倦地翻译莎士比亚十四行诗的还有梁宗岱。1978 年人民文学出版社出版的《莎士比亚全集》就收入了梁译的莎士比亚的全部十四行诗。1980 年和 1981 年，我们又看到了两个莎士比亚十四行诗全译本：一个是内蒙古人民出版社出版的杨熙龄的新译本；一个是上海译文出版社出版的屠岸的修订本。短短几年内出现这么多种莎氏十四行诗译本，这在国内是空前的。它从一个侧面反

---

[1]　根据《文汇报读书周报》，早期的莎士比亚十四行诗译者有丘瑞曲、朱湘、李岳南、梁宗岱、方平、梁遇春、袁水拍等十多位。
[2]　屠岸《莎士比亚十四行诗集》曾于 1952 年、1955 年、1956 年、1959 年再版，每版都有修改。

映了我国外国文学翻译事业百花齐放的繁荣景象。

译诗可以有不同的风格，译莎士比亚十四行诗当然也不例外。梁宗岱刻意追摹原诗的思想、意境乃至格律，译文精练整齐，优雅流畅；屠岸用带自由节奏的散文代替"抑扬格"，每行十三、四个字中包含的五个音组代替"五音步"，译文着意明朗、平易清顺。上海复旦大学外文系已故教授戚叔含（1898–1978）采用中国古典诗词的形式翻译莎士比亚十四行诗，具有独特的风格，不失为又一种尝试。

细细读一遍戚叔含译的五首十四行诗，我们便会发现，他的译文虽然具有中国诗词的语言特色，基本上还是保留了原诗的格律。莎氏原诗由三小节加一对句组成，首尾共十四行，译诗也是十四行；莎士比亚原诗每行十个音节，译诗每行十至十二个字，最多不超过十五个字；莎氏原诗前十二行间隔押韵（ababcdcdefef），最后两行单独押韵（gg），译诗也照此押韵。不过，译诗用了一些古韵，如第12首中的"沉"和"侵"、"蚓"和"车"、"惜"和"白"，现代人读起来不大习惯。[①] 我觉得译诗大致如原诗的格律很有必要。如果完全不顾原诗的形式用中国旧式格律诗翻译英诗，读者就体会不到原诗的特点；翻译也就失去了传达原作风味的意义。

至于内容，戚译的特点是不斤斤于求得与原诗的形似，而尽力使译诗合乎中国古代诗词的体式。这种译法有它的长处：因为是循原作的思想和形象，运用古诗格调进行的再创造，译文读起

---

① 在古韵中，"沉"、"侵"押闭口韵；"惜"、"白"均为入声字，押陌韵；"蚓"为马韵；"车"为鱼韵；鱼、马通押。

来比较上口，内容、情调大体与原诗吻合，译得好时还颇能传神。譬如，第 29 首头两行：

When in disgrace with fortune and men's eyes,

I all alone beweep my outcast state, [①]

直译是："时运不济，又遭人白眼 / 我独自哀悼自己被人遗弃的身世"。这样翻译意思虽然都在，却毫无诗意。戚译不拘泥于原作的用词和句式，按中国诗词的特点，把它们译为：

时运吾无分，人世谁个垂青，

索居凄楚，痛此身受俗抛弃，

"谁个垂青"就是"没人垂青"，传达了"遭人白眼"的意思，可读起来比"遭人白眼"象诗，同时带有不满的语气，恰当地表达了莎士比亚尝尽人间辛酸的悲愤情绪。又如，第 66 首是莎士比亚十四行诗中的名篇。诗人在诗中满含愤怒地揭露和控诉了 16、17 世纪英国社会的丑恶现象。评论家常爱将这首诗同他的悲剧《哈姆雷特》第三幕第一场王子哈姆雷特的"独白""To be, or not to be, that is the question"作比较。诗中第 12 行"And captive good attending captain ill"带有总结性质。梁宗岱将它直译为："囚徒'善'不得不把统帅'恶'伺候"；屠岸将此译作："被俘的良善伺候着罪恶将军"。这两种译文无疑都是准确的，然而读者看了不一定懂。戚译采用合词、前后倒置等手法，将此句译成"元凶踞高，胁迫善良甸甸"，虽然主动、被动倒了个个儿. 莎士比亚的原意没有歪曲。原文"captive good"与"captain

---

① 本文莎士比亚十四行诗均引自 Stephen Booth ed. *Shakespeare's Sonnets*. New Haven: Yale University Press, 1977.

ill"相对，译文"元凶"与"善良"对称，句式也比较相似。

　　戚译以古诗词的形式翻译英诗，增删词语自是难免。从他译的这五首十四行诗看，增添的成分多于删除的成分。如第12首头3行原文为：

When I do count the clock that tells the time,

And see the brave day sunk in hideous night,

When I behold the violet past prime,

梁译将此直译为：

　　当我数着壁上报时的自鸣钟，

　　见明媚的白昼坠入狰狞的夜，

　　当我凝望着紫罗兰老了春容，

戚译则是：

　　数完钟声，又是黄昏时候，

　　暮霭阴森，目送丽日西沉，

　　吾也见花飞花谢，紫兰消瘦，

稍一对照，我们便会发现，戚译在头一行里删了"报时的"，添了"又是黄昏时候"；第三行里又加了"花飞花谢"。删译的词（"that tells the time"）可以说是冗词，也可以说是枝节；增补的词或者是从原意中推导出来的（"又是黄昏时候"），同一意义的重复（"花飞花谢"）；然而，有人或许会提出：原诗中的"that tells the time"即使是冗词，也可能是用作强调，译文何不如实译出？原文中只有"紫兰消瘦"，加了"花飞花谢"这一套语是否使译文显得重复累赘，同时带上了一层中国古雅文体的色彩？我看这样提也未必没有道理。第66首结尾两句：

Tir'd with all these, from these would I be gone,

Save that to die, I leave my love alone.

戚译为：

归欤，归欤，此俗何堪长相处，

却难舍依依，则怕你孤芳无侣。

显然，上句中"归欤，归欤"的重叠和下句中的"情依依"都是译者添加的。莎士比亚原诗包含着炽烈的情感，然而语言却很平易、自在，有一种没有虚饰的真正的雅致。译文加了这些叠韵和丽词，反而使诗句沾上了文人气，从而失去了原有的真挚感、新鲜感。屠岸将这两行译为：

对这些都倦了，我要离开这人间，

只是，我死了，要使我爱人孤单。

行文朴素、自然，我看倒还比较接近原诗的情调和风格。

戚译另一个特点是爱用典故。译诗用中国的典故并不一定不好，但用典时必须十分谨慎。有些典故民族味儿很浓，用偏了就会歪曲原诗的形象。戚译中有些含典的词语用得不错。譬如，第29 首第 9 行：

Yet in these thoughts myself almost despising,

戚译为：

但怨天尤人，几把生命作鸿毛，

"作鸿毛"的说法无论过去还是现在都用得很多。在此表达"看轻自己"的意思，一点也不勉强。同一十四行诗结尾的两行名句：

For thy sweet love rememb'red such wealth brings

That then I scorn to change my state with kings.

戚译为：

　　方知好友眷恋，富抵连城璧，

　　便是南面王，吾亦不屑与易。

将"such wealth"译为"连城璧"，"kings"译为"南面王"，用词就不如原文平易，其中"连城璧"的意思似乎比"wealth"略微过头。再如第 65 首第 11 行：

Or what strong hand can hold his swift foot back?

梁译逐字直译为：

　　什么劲手能挽他的捷足回来，

戚译是：

　　哪来长弓射日，阻西逾流光，

"长弓射日"是个不常用的词语，不免会使人联想到"后羿射日"，无论其形象还是比喻意义均与原文不甚合拍，似不很恰当。

　　此外，戚译中还有几个变通的实例值得探讨。如将第 12 首第 7、8 两行：

And summer's green all girded up in sheaves

Borne on the bier white and bristly beard;

译为：

　　吾又见昨朝麦畴，碧浪日色浸，

　　今日束刍如枯尸，载上牛车。

其中"summer's green"原意是"夏天的青翠"（梁译）。这是一个借代：借青翠的秧苗颜色代青翠的秧苗。究竟是什么秧苗，莎士比亚没有点明。戚译将它明白地译为"麦畴"，不知有没有根据？译者可能考虑到，在我国夏日里不会有青翠的麦畴，因而删去了"夏天"这层意思，将"summer's green"译为"昨朝麦畴，碧浪日色浸"。这个变通好不好，可能会有异议。第9行的"Borne on the bier"原意是"载在枢车上"（屠译）。"枢车"是个暗喻，实指"运谷的大车（harvest cart）"。[1] 戚译换了明喻，变成："刍如枯尸，载上牛车"。我个人以为这个变通不错（尽管"bier"可能是马车，而不是牛车）。然而，此行中"with white and bristly beard"（意为"带着坚挺的白须"[梁译]）。这么一个新颖的比喻，却被删除了。莎氏十四行诗的艺术生命在于其丰富、新鲜的形象。译者的责任是尽可能完整地保留原诗新鲜的形象。为了追求译文的形式美和音韵美而牺牲原作特有的形象，这种做法是不值得提倡的。

译诗本是一件难事，译莎士比亚十四行诗更是谈何容易。既要忠实地传达原诗的思想内容，同时还要追摹其意境、情调、节奏和音韵，对译者的要求是很高的。尽管如此，国内还是一直有人在翻译这些不朽的诗篇。不同的译者用不同的方法翻译十四行诗，必定表现出不同的风格，不同的长处。他们可以互相学习，取长补短，这样才更有利于促进优秀外国文学遗产的交流和我国翻译事业的发展。

原刊于《外国文学》1982 年第 12 期

---

[1]　参见 *The Riverside Shakespeare*. Boston：Houghton Mifflin Company，1974，p.1751.

13

评布思新编《莎士比亚十四行诗集》

去年，一位美国莎士比亚专家来北外讲学。我们问他，近年美国莎士比亚研究有什么振奋人心的大事。他当即回答：1977 年耶鲁大学出版社出版柏克莱加大斯蒂芬·布思（Stephen Booth）的《莎士比亚十四行诗集》（*Shakespeare's Sonnets edited with analytic commentary*）可谓美国莎学界的一件大事。布思这部莎氏十四行诗注释版本出版的第二年即荣获美国现代语文协会 1978 年度 J. R. 洛厄尔图书奖。美国书评界对这本书评价很高，有人将它誉为"大胆的创举"（C. L. Barber，*The New York Review of Books*），有人则称其为"莎士比亚评注中的里程碑"（G. F. Waller，*Dalhousie Review*）。

莎士比亚的十四行诗在英美如同《诗经》、《楚辞》和李杜诗集在中国，是文学的珍品，每过三五年就要出版一部新的注释版本。从 1881 年道顿（Dowden）注本开始的现代版本，比较重要的就有二三十部之多。其中像比钦（Beeching）的"波士顿版本"（Boston，1904）、普勒（C. K. Pooler）的"亚屯版本"（The Arden Edition，1918）、罗林斯（H. E. Rollins）的"新集注本"（New Variorum Edition，1944）等，流行都相当广泛。20世纪 60 年代英国又出版了英格拉姆和雷德帕斯（W. G. Ingram and Theodore Redpath）合编的一个版本（London，1964）和威尔逊（John Dover Wilson）编注的"剑桥版"（Cambridge，1966）。这些版本的编注者都是莎士比亚十四行诗的权威学者，他们的注释本无论过去还是现在都具有重要的影响。布思在他们之后出了这个版本。美国评论界为什么会给予它特别的重视和这么高的评价呢？原因是布思的这个版本突破了道顿以来的传统，在版本、注疏、评论等一系列问题上采取了创新的做法。这不能不引起学术界、评论界的注意。

一、两个对照的版本

布思《莎士比亚十四行诗集》的第一个明显的特点是采用了两个互相对照的莎士比亚十四行诗版本：一是 1609 "第一四开本"（The First Quarto）① 的影印本，一是以"第一四开本"为依据，经过整理、勘定的现代定本。两种本子在左右两页上并列呈现，读者时刻能对照阅读原始本 ② 和现代本。这是一个创新，在

① 该版本采用的是保存在美国南加州亨廷顿图书馆的"布列奇沃特"本（the Huntington Bridgewater copy）。
② 第一次印刷有五幅影印件（第 90，93，94，97，98 页）印得不够清晰，一幅漏了印在右下角与下页第一个词相同的词（第 105 页）。1978 年第二次印刷时布思撤换了这几幅影印件。

学术上具有特殊的价值。

版本问题历来是莎士比亚十四行诗注疏家最感头痛的问题之一。在这件事情上他们各有一套做法。有的学者，如英国的温德姆（Wyndham，1898）竭力维护"第一四开本"。他提供的本子只将400年前的拼法改成现代的拼法，标点、字体基本全部照旧，连"第一四开本"一些斜体字，如1.2 *Rose*（1.2指第一首第2行，下同）也要保留原样。当代的西摩－史密斯（Seymour-Smith，1963）比温德姆还要保守。他认为"第一四开本"的标点就是"莎士比亚的标点"（pp.37-38）。他的本子不仅保留了"第一四开本"的字体和标点，而且也保留了它的陈旧的拼法。本世纪多数学者反对温德姆的主张。（如 Wilson 1966：p.xxxvi）他们认为"第一四开本"未经莎士比亚本人的校对（甚至未经他的同意而出版），其标点、拼法有不少显误与难通、可疑的地方，后人应予以纠正、澄清，免得读者曲解。经他们整理的现代定本各有可取之处。但同时又都有一些勉强与不妥的地方。为此罗林斯的"新集注本"重印了"第一四开本"原文，并将各种版本异文加以集注，让读者对照比较，自己决定取舍。然而，这部两卷本的集子主要为莎士比亚研究者编订，难免在很多方面不能适应普通读者的需要。

在版本问题上布思比他的前辈、同行要实际、高明。他在前言中指出，确立莎士比亚原本显然是不必要的，也是不可能的。"第一四开本"虽不等于莎氏原定稿，却毕竟比任何假设的原本（hypothetical originals）强（p.ix）。从这点出发，他没有乞灵于任何经名家校勘的本子，而是探本求源，用现代印刷手段将1609

年"第一四开本"直接影印出来。这就保证了所用本子的可靠性。另一方面，布思又承认"第一四开本"有一些明显的印刷错误（如 6.4 "beautits" 显然是 beauties 之误）。当时的拼法、字体、标点标准与今日的又有异同，让普通的读者只看到这样一个版本更易歪曲莎士比亚十四行诗的本来面目。为此他又以"第一四开本"为唯一依据（第 138 首与第 144 首是例外），审慎地整理出了一个现代的定本，从而保证了他的版本的可读性。

布思整理版本的原则是：在"第一四开本"拼法、标点标准与现代拼法、标点标准之间寻求一个最不易歪曲原文，又最易为现代读者接受的折衷标准。逐首对照一下两个版本我们便会发现，经布思整理的本子，拼法全部改成了现代英国通用的拼法，显误作了纠正，字体、标点则相对改动得较少。以第 16 首为例，"亚顿"版与"第一四开本"在字体、标点上有 16 处不同'（"亚屯"版加了八个标点，减了三个标点，改了三个标点，动了两个字体），布思却只在"第一四开本"的基础上动了八个标点（加了三个标点，减了两个标点，改了三个标点）、一个字体。布思更动字体、标点的出发点是促使现代读者按文艺复兴时代的标准来朗读与领会十四行诗。如 16.4 "blessèd" 一词，"第一四开本"与"亚屯"版中都是 "blessed"，布思加了一个音节号，是为了让读者像文艺复兴时代的英国人一样，将它读成两个音节，从而使这行诗保持五个音步。又如 16.10，"第一四开本"是：

Which this (Times pensel or my pupill pen)

布思本作：

Which this time's pencil or my pupil pen

布思把大写的 T 改成了小写的 t，为的是避免读者按 19 世纪形成的标准将"Times"当作拟人，而曲解成催人衰老的"时光"；在"times 的"s"上加了撇号，则是为了标明这里的所有格（文艺复兴时代作家通常不用这个撇号）。至于删除原有的一个括号，照布思的说法，是因为现代读者易将括号中的内容当作括号前名词或代词的同位语，而这里并不存在这种关系。经布思这一改动，我们很容易就可将这行诗理解成"这个时代的画笔或我幼稚的笔杈"了。

当然，布思的注释版本不可能在每个细节问题上都处理得尽善尽美。对以上 16.10 这个括号，不同的编注者就有不同的处理办法：英格拉姆与雷德帕斯在他们的版本中保留了这个括号，威尔逊则将后半个括号挪到了"pencil"的后面。他们这样做各有自己的道理，布思的处理办法未必是最合理的。他自己也承认，莎士比亚的语言同他的书写、标点分不开，现代人习惯于靠标点显示词与词之间的逻辑关系，不适应当时的书写、标点，编者不得不作适当改动，但是任何书写、标点都不能理想地保留 16.10 所有的附加意义。在这种情况下，编者只能在注释中作进一步的说明（p.xvi）。

二、详尽的、带分析的注释

布思注释版本的第二个明显特点是它的注释比以往大多数版本详尽。全书 xx+583 页，注释占了 404 页，方法突破了过去的传统，是分析性的。

莎士比亚十四行诗是将近 400 年前的诗歌创作，我们现在去读它困难主要来自三个方面：1. 词义的变迁，如 16.10，"pencil"原指"画笔"（painter's brush），今人往往理解成"铅笔"；2. 词义的多重性，如 16.9 "the lines of life"可作十来种解释；3. 莎士比亚深邃的思想，特别是他的一些似乎自相矛盾的说法中包含的哲理，如 16.13："To give away yourself keeps yourself still"。布思以前的莎氏十四行诗注本大多偏重解决第一方面的问题，而忽略另外两个方面的问题。编注莎士比亚十四行诗的先驱、18 世纪后期的英国学者史蒂文斯（George Stevens）、梅隆（Edward Malone）等注释十四行诗的主要方法是释义（paraphrasing）、引证（citation）和比较（comparison）。后世的学者，如道顿、比钦以及普勒等，深受史蒂文斯和梅隆的影响。普勒"亚屯"版《十四行诗集》的长处，同时也是其局限性，在于引证、比较特别多。他不仅大量地引用莎士比亚戏剧诗句作佐证，而且广泛地引用包括英国以外的历代英语诗人的诗句作比较。很多人称赞过他的广证博引。但是，由于他过于注意引证，释义往往不详。以第 18 首十四行诗为例，总共五条注，仅两条用于释义，注文且十分简略，似不能满足普通读者，特别是非英语国家读者的需要。20 世纪 60 年代出现的几个版本在注释上作了改进。英格拉姆和雷德帕斯在这方面作的努力尤其令人注目。然而，他们的注释仍然仅限于解决词义变迁和词义多重性这两方面的问题。在以上提到的三类问题上均作出努力，并取得显著成绩的还要数布思注释的这一版本。

布思版本注释的重点是释义，凡属过时的词语或语义发生了变迁的词语，布思一律都加注。例如：

16.8 *liker* more like.

16.10 *pencil* painter's brush (the word was not used to describe an instrument for writing until the eighteenth century).

18.5 *Sometime* sometimes (a common Renaissance variant; see 41.2，64.3, 75.9, and 102.13).

布思在前言中指出，他编注莎士比亚十四行诗的宗旨是尽可能让读者得到文艺复兴时代读者阅读该诗时的感受。他认为"编者一旦将莎士比亚某些词语的内涵、外延意义告诉了现代读者，现代读者自然会像 17 世纪的英国读者那样朗读莎士比亚十四行诗，并作出类似的反应"（p.xii）。因此他的注本词义变迁注得非常详尽。有些词在文艺复兴时代含猥亵意义（文艺复兴时代的英国不同于 18、19 世纪的英国，不忌讳用含猥亵意义的词语，这正是当时诗歌的特点之一），历代注家往往避而不注，布思则也照实注上（如 20.3 *quaint* the female sex organ）。这体现了当前西方莎士比亚研究乃至整个英美文学研究的一种新的倾向。

莎士比亚十四行诗中有许多词语含多重意义，从上下文看哪种解释都说得通。例如 16.13：

To give away yourself keeps yourself still,

"still"一词既可作"依然"解，又可作"永远"解。以往的注家往往择其一义而排除另一义。我国的译本受不同注本的影响与中文的局限将这行诗分别译为：

献出你自己依然保有你自己，

（梁宗岱译）

与

　　自我放弃是永远的自我保留；

等。布思继承英国当代著名学者燕卜荪关于"朦胧"的理论，认为歧义是莎氏十四行诗的重要表现手段，各编注家根据逻辑推理确定的意义，哪种都不能说是不正确的，然而它们又都不完全。① 这种作单一解释的注释往往影响与限制读者的想象，使他们认为自己初读时自觉产生的某些奇特的、美妙的想法是错误的、荒唐的。但事实上原诗很可能本来就同时包含这几层意思。莎士比亚是想象最丰富的诗人，隐含多重意思的词语在他的十四行诗中俯拾皆是。布思声称"本版注释力图保存十四行诗中包含的一切"（p.xiv）。他确实在这方面作出了最大的努力。如以上提到的"still"一词，他就提供了两种解释：

（1）even after that has happened;

（2）forever（see 81.13）

又如 16.9：

So should the lines of life that life repair

"the lines of life"可指（1）容貌（the form of a personal appearance）；（2）皱纹（time's wrinkles on the face）；（3）后裔（the youngman's line or lineage——his descendants）；（4）肖像画（lines drawn with a pencil——a portrait）；（5）文章（lines drawn with a pen, in writing）；（6）诗行（the lines of a poem）；（7）命运（destiny, as in the life-line of palmistry）；

---

①　William Empson. *Seven Types of Ambiguity*. New York：New Directions，1966，pp.50–59.

（8）家谱（lines of relationship）；（9）子女（children）等等。历代莎氏十四行诗注家对此各执一词，争论不休。布思采纳燕卜荪的主张，认可所有这些解释。他还引燕卜荪的话证明这行诗中动词"repair"的宾语可以是"life"，也可以是"the lines of life"，亦即这行诗既可作"生命线会使生命复燃"解，亦可作"生命会使生命线复燃"解。这个似乎自相矛盾的说法，与16.13"To give away yourself keeps yourself still"一样，其实与莎士比亚前15首十四行诗反复强调的主题也是呼应的。

这里需要指出的是，莎氏十四行诗不少词语虽然包含歧义，其中毕竟有主次之分。就"the lines of life"而言，布思（3）、（9）两种注释（即作"后裔"和"子女"解）恐怕最为明显。布思没有指明这点是他的不足。

当然，布思在解释词语的歧义时还是作了一定的分析。他声言"我的注释不仅旨在帮助20世纪读者按文艺复兴时代的习惯理解莎士比亚的词语，而且试图回答一些学术上的问题：这些十四行诗是如何产生效应的？它们用了好些意义不确定或意义随时可变更的词语，但多数诗的精神又怎么会那么清楚明白？"（p.xiii）他把每一首诗当作一个整体，悉心探索诗句产生的效应。在他看来，诗是一字字、一行行念下去的，刚念到一个词会有一种理解，念完一行你对这个词会产生另一种理解，当你念完全诗回味起那个词来，你还会有第三种理解。布思试图说明词语在何时产生何义，它是如何产生这种意义的。例如66.1-3：

Tir'd with all these, for restful death I cry,

As to behold desert a beggar born,

And needy nothing trimmed in jollity,

其中"needy nothing"是个难点，布思注为：

（1）those who are without advantages（i.e.［a］those who are so down trodden that they are "nobodies" whose needs and merits are ignored, or［b］those who are mere ciphers, entirely wanting in merit and ability）…（2）those in need of nothing（i.e.［a］those who possess every material luxury, or［b］those who possess every desirable quality）.

这两种解释显然是矛盾的。为此布思分析指出，由于"needy nothing"紧跟在第二行"beggar born"之后，读者开始会把"needy"理解成"贫困"，"nothing"理解成"不存在"，即"people who have nothing and are treated as if they were nothing, did not exist"。但同时他又觉得"a nothing"可能指"不足挂齿的人"（cipher），而不可能指"有才有德的穷人"（the deserving poor）。然而当他读到"trimmed in jollity"时，他开头的那种理解又会消除，因为"trimmed in jollity"显然指"锦绣衣冠"，而"jollity"通常又带"欢乐"的意味，由此他会意识到"needy nothing"可能指"花花公子"（wealthy fops）。这个词语意义上包含的矛盾，隐晦地表现出了当时社会的矛盾："有才有德的乞食，无才无德的受禄"（the worthy are beggars; the worthless are rich）。有了这层理解，这首诗的实质就把握了。布思运用分析的方法解释十四行诗中关键的词语，有助于读者领会莎士比亚深邃的思想和微妙的哲理。这在别的版本中是难得找到的。

三、分散的、精彩的评论

布思版本的第三个明显特点是它不仅有详尽的注释，而且有精采的评论；评论不是集中放在前言或后记中，而是分散置于几首重要的十四行诗注释后。

18 世纪后期以来的学者编注莎氏十四行诗集一般都要写一篇洋洋数万字的前言，繁琐地考证所谓的一些事实。例如，这些诗是诗人真实遭遇的记录，还是虚构的创作？根据"第一四开本"，这些诗是呈献给一个"W. H. 先生"的。这个"W. H. 先生"是谁？第 1 至第 126 首十四行诗透露，这些诗是写给一位英国贵族青年的。他是不是 W.H. 先生？第 127 首至第 152 首透露这一部分是写给或评论一位深肤色女郎的。她又是谁？诗中提到一位"诗敌"，那又指什么人？ 20 世纪 30 年代以后，十四行诗研究者的兴趣越来越集中于另外一些问题：这些诗是什么年月创作的？它们排列的顺序是否代表莎士比亚创作的顺序？怎么排列更为合理？如威尔逊编的"剑桥"版《莎士比亚十四行诗集》就有一篇长达 110 页的前言，其中相当一部分篇幅用于讨论以上这两个问题。他的版本后还附有一个根据自己的推测重新编排的莎氏十四行诗次序表，供读者参考。

布思版本打破了这个传统。他的前言仅 11 页，纯粹用于阐述自己的编辑方针与意图，而不论及以上提到的任何问题。他的兴趣在于十四行诗本身及其思想、艺术效果，因而评论亦围绕作品与其价值。所谓事实问题、理论问题，布思仅在书后"附录一"中扼要地介绍了一下，所用篇幅不超过 6 页。

布思版本有分量的评论有四篇。它们分别附在第 112 首、第 116 首、第 129 首和第 146 首十四行诗注释的后面。布思所以这样安排，是因为他所评论的问题分别由这四首十四行诗提出，文中引用的材料亦多取自那四首十四行诗。然而它们要说明的却是一些带普遍性的道理，因而对阅读整部莎氏十四行诗集具有指导性的意义。

在第 116 首后面，布思用 6 页篇幅讨论了莎士比亚的艺术手法和效果。他尖锐地指出，评论家一致赞赏第 116 首十四行诗，但他们繁琐的分析却把这首诗越讲越俗。第 116 首十四行诗的美存在于它简明、清晰的内容，任何读者都能一眼看出这首诗是赞颂永恒的爱的。然后，他又从读者的角度层层分析诗句产生的效果，其比喻（如，"an ever-fixèd mark"，"the star"）如何明确、恰当地使关于爱的抽象定义变得具体而富有生气，其否定句式（如"Love is not love"，"I never writ"）如何貌似荒谬，却反过来有力地肯定了"真正的爱是永恒的爱"这个千真万确的真理。最后他又归纳指出，具体融合于抽象、特指融合于泛指是莎士比亚的重要艺术手法。他每一首十四行诗都明显讲一件事，又明显可引伸到各个方面，它既充实又空灵，既单一又多样，既特殊又普遍。世界文学名著，如莎士比亚的《哈姆雷特》与《李尔王》、弥尔顿的《失乐园》、乔伊斯的《尤利西斯》等，都具有这种两重性，它们记述的经验仿佛取自一切经验，它们包含的特指仿佛可以泛指一切特指。

关于他的批评原则，布思在第146首后的评注中讲得十分透彻。他写道，"多数评论文章让读者了解到了更多的事实，但是它们的主要功绩、功能与意义实际上却是让读者对作品本身知道得比原来更少"（p.513）。为了抵制这种细抠末节、湮没正文的做法，布思力主采用另一种评论方法，那就是"不要说该怎么理解作品，它从前该是怎么理解的，而要说它现在是怎么被理解的，从前又可能怎么被理解，为什么会有这样的理解……"（p.508）他的评论的口气经常是"既可……又可……"，而不是"或者……或者……"。布思这套批评方法显然是从燕卜荪那里学来的。燕卜荪用它分析过好些十四行诗，布思则推而广之，用它评论分析了更多的十四行诗。布思编注十四行诗集得益于燕卜荪，但他的版本的缺点也在于某些地方用其方法用过了头，有时未免过于繁琐而不能令人信服。

此外，布思版本还有一些不如其他本子的地方。例如，他的注释与校勘一般不注出处，研究者使用时无法查考它们最早是谁做的。在这方面布思版不能同罗林斯校注详备的"新集注本"相比。又如他作的引证、比较，行文极其简略，不熟悉莎士比亚作品的人有时会摸不着头脑。在这方面它又比不上普勒征引宏富的"亚屯"版。对于初学十四行诗的学生来说，这个版本似乎深了点。他们或许会更喜欢英格拉姆与雷德帕斯合编的本子，因为他们的注释写得更浅显，又直接印在十四行诗旁边的那页，查起来十分方便。但综合而论，布思版是笔者迄今看到的最好的一个版本。它的好些做法是开创性的，对我们研究、编注中外古典文学著作具有重要的参考价值，笔者介绍这本书的目的也正在于此。

主要参考书目

Empson, William. *Seven Types of Ambiguity*, rev.ed. New York: New Directions, 1966.

Ingram, W. G. & Theodore Redpath, eds. *Shakespeare's Sonnets*. London: London University Press, 1964.

Muir, Kenneth, ed. *Shakespeare's Sonnets*. London: Routledge, 1979.

Pooler, C. K., ed. *The Works of Shakespeare: Sonnets*. London: Methuen, 1918.

Rollins, H. E., ed. *A New Variorum Edition of Shakespeare: The Sonnets*, 2 vols.. Philadelphia: J. B. Lippincott and Co., 1944.

Wilson, J. D., ed. *The Sonnets*. The New Cambridge Shakespeare, Cambridge: Cambridge University Press, 1966.

梁宗岱，《莎士比亚十四行诗》，成都：四川人民出版社，1983。

屠岸译，《十四行诗集》，上海：上海译文出版社，1981。

杨熙龄，《十四行诗集》，呼和浩特：内蒙古人民出版社，1980。

原刊于《外语教学与研究》1983 年第 3 期；
全文转载于《莎士比亚研究》1984 年第 2 期

14

新发现的一首"莎士比亚"抒情诗
——评盖里·泰勒的考据

Abstract: A description and analysis of the evidence offered by Gary Taylor in his attempt to identify Shakespeare in the recently discovered lyric "Shall I die?" and the strength and weakness of the numerical approach to ascertaining doubtful authorship in textual criticism. It is argued that computer-processed data, significant for lexical and syntactic aspects of the text, are inadequate as a basis for judging with any degree of certainty the authorship of a poem that is shorter than 500 words and relatively conventional in pattern. To increase the reliability of the conclusion, it is suggested, more variables have to be taken into account with a view to eliminating all other possibilities. The traditional content approach may still serve as an alternative or at least an additional testing device to give confirming evidence.

对于莎士比亚的研究，人们总是企盼有所创新，或是以新的理论诠释他的剧作、诗作，或是用新的方法研究他的语言。1985年12月，有版本学者在英国牛津大学鲍德莱图书馆（Bodleian Library）发现一首落款威廉·莎士比亚的九节抒情诗（见附诗），自然也引起了莎学家的关注和文学爱好者的好奇。

发现此诗的美国学者盖里·泰勒（Gary Taylor）于1978年开始同英国莎士比亚权威学者斯坦利·威尔斯（Stanley Wells）合作纂辑新牛津版单卷本莎士比亚全集。[①] 在将这部修订版莎氏全集付印前夕，盖里·泰勒在牛津鲍德莱图书馆珍藏的一部17世纪手抄本诗稿——"罗林逊藏诗稿160辑"（Rawlinson Poetical-Manuscript 160）——中发现了这首诗。这一发现瞬间成了文学界的美谈。我国《光明日报》也曾作了报道。[②]

其实，这不能算是新发现。历史上有几位著名莎士比亚版本学者曾提到过这首九节诗稿。[③] 近年也有人研究过这首未确定作者归属的抒情诗。[④] 只是盖里·泰勒作为版本学者，第一个通过语言分析认可了"莎士比亚"落款属实，并主张把它收入新一版的牛津《莎士比亚全集》。[⑤] 此议在英美等国引起了热烈的反响。有人赞赏，有人反对，多数则表示怀疑。

本文目的不在辨明此诗落款真伪，也不在全面介绍有关的争

① 斯坦利·威尔斯（Stanley Wells），英国牛津莎士比亚学者，1980年9月起接替凯尼思·缪尔（Kenneth Muir）主编剑桥出版的《莎士比亚研究丛刊》（Shakespeare Survey）。
② 见陆文岳，"莎士比亚一首爱情诗的发现始末"，《光明日报》1985年12月12日。
③ 例如梅隆（Edmond Malone）和钱伯斯（E. K. Chambers）。参见 Gary Taylor. "A new Shakespeare poem? The evidence...," *TLS* December 20, 1985.
④ 例如美国加州大学圣特巴勃拉分校学者福斯特。参见 Donald W. Foster. "Shall I Die?" *TLS* January 24, 1986.
⑤ Gary Taylor. "A new Shakespeare poem? The evidence...," *TLS* December 20, 1985.

论，而是评述盖里·泰勒的考据，探讨他所采用的方法。依据是他于 1985 年 12 月发表在《泰晤士报文学增刊》上的考据报告。[①] 笔者以为，研究一种考据方法比弄清一首诗的归属，具有更为普遍、更为重要的意义。

一、

盖里·泰勒是从"罗林逊藏诗稿"中发现此诗的。这宗手抄藏诗稿为英国 18 世纪书稿收藏家理查德·罗林逊（Richard Rawlinson）所藏。1756 年，他把该诗稿捐赠给了牛津大学鲍德莱图书馆。诗稿为对折本，所录诗歌皆由同一誊抄者用黑色墨水和当时誊抄惯用的竖体书法抄成。诗无题，莎士比亚的名字以同一笔迹书于诗末。诗稿估计在 17 世纪 30 年代辑成。

问题的关键是：诗歌的落款是否可靠。盖里·泰勒考查了诗稿中其余 50 首诗，它们的落款分别为雷利（Sir Walter Ralegh）、邓恩（John Donne）、琼森（Ben Jonson）、鲍蒙特（Francis Beaumont）、弗莱彻（John Fletcher）、赫里克（Robert Herrick）、凯罗（Thomas Carew）等。[②] 经与其他书稿核对，"没有一项可证明是错误的，其中 40 项则可证明是确凿无误的"。[③] 这是一部私

---

① Gary Taylor. "A new Shakespeare poem? The evidence...," *TLS* December 20, 1985.
② 诗稿中还有一首六行墓志铭诗 "Epitaph on Elias James" 落款为 "Wm Shakespeare"。18 世纪英国学者梅隆（Edmond Malone）曾注意到此诗，但其归属至今仍未确定。参见盖里·泰勒上引文。
③ 此说不准。罗宾·罗宾斯指出，落款雷利的一首诗早已被证实是假托他名义的伪作。参见 Robin Robbins. "...and the counterargument," *TLS* December 20, 1985。唐纳德·福斯特指出，另有 14 首诗落款与其他本子有出入。见 Donald W. Foster. "Shall I Die?" *TLS* January 24, 1986.

人收藏的手抄本诗稿，盖里·泰勒据此推断辑订者没有理由塞进一首假托莎士比亚之名的伪作。

鉴于没有更多的外部证据（external evidence）可作依据，泰勒采用"反证法"，以排除这首诗是假托莎士比亚之名的伪作的可能性。他向英国伦敦大英博物馆、美国华盛顿福尔杰图书馆（Folger）、南加州亨廷顿图书馆（Huntington）、费城罗森巴赫图书馆（Rosenbach）及耶鲁大学、哈佛大学、肯萨斯大学的图书馆发信咨询。这些英美图书馆的答复均为：我馆没有发现此诗的任何副本。因此，盖里·泰勒认为这一落款是可靠的。

但是盖里·泰勒的考证发表后不久，有人即在他查询过的耶鲁大学拜纳基珍本与文稿图书馆（Beinecke）找出了此诗的又一抄本。此本存于耶鲁大学拜纳基图书馆"奥斯本珍藏 B 197 辑"（Osborn Collection，B 197），辑订者艾尔斯登（Tobias Alston）并未在此诗之末注明作者。[①] 这对盖里·泰勒论点的可靠性提出了反证。

二、

盖里·泰勒的主要论证属于内部证据（internal evidence）。当前西方考定作品谁属主要借助计算机做计量分析。盖里·泰勒采用的正是这种方法。他用一部储有莎氏真传作品全部词语（Shakespearean canon）的计算机，对此诗作了三项统计比较。

他统计的第一项内容是相似词语（verbal parallels）。据查，

---

① 参看 Peter Beal. "Shall I Die？" *TLS*，January 24，1986.

这首 443 词（tis' 等算作二字）的诗中包含了 107 个类似莎士比亚用过的词语。例如 1.1（第 1 节第 1 行）"Shall I fly"，曾出现在《亨利六世》上部（4.5.13）；1.2 "Lovers' baits"，在《罗密欧与朱丽叶》中有 "love's sweet baits"（2.pr 8）的类似说法；3.2 "fair love"，在《理查三世》（2.1.51），《鲁克丽丝受辱记》（7），《爱的徒劳》（4.3.377），《仲夏夜之梦》（2.2.35）中都用过；4.5 "my dove"，也曾出现在《仲夏夜之梦》（5.1.325）与《哈姆莱特》（4.5.168）中。盖里·泰勒拿莎士比亚同代诗人斯宾塞（Edmund Spenser）作对比，结果从后者的真传作品语词中只找到 47 个相似用语。

这两个数据对考证作品所属是有用的，至少说明此诗用词很像莎士比亚。但是，1）盖里·泰勒列出的 107 个相似语，既可以是莎氏的个人笔意，也可以是伊丽莎白时代诗歌的惯用语。要证明此诗确为莎士比亚创作尚需排除后者的可能性；2）盖里·泰勒把该诗 7.8 "all the world" 包括在 107 例内，其实这个词组是根据斯坦利·威尔斯的建议所作的校订，经编者校订的词组不宜用作例证；[①]3）仅以斯宾塞一人作对比，不足以说明问题，16 世纪末到 17 世纪 20–30 年代有一百多位英国诗人，其中善写此类诗者不乏其人。[②] 这些都是泰勒立论的漏洞。

盖里·泰勒统计分析的第二项是 "独特用词"（unique words）和 "罕用词"（rare words）。所谓 "独特用词" 即莎氏真传

① 见盖里·泰勒原文附诗校注。
② 例如托马斯·凯罗（Thomas Carew）。参见 Donald Foster. "Shall I Die？"，*TLS* January 24，1986。又如约翰·多兰（John Dowland）。参见 Erica Sheen & Jeremy Maule. "Shall I Die？" *TLS*，January 17，1986.

作品中没有出现过的词；所谓"罕用词"即莎氏真传作品中出现过 11 次以下的词。考查有无这两种词是莎士比亚版本学者考据莎氏作品真伪的一个有效手段。莎士比亚的那枝诗笔，无论写诗还是写剧，总要创造一些新鲜词语。学者认为，一首具有一定长度的诗，如果不包含若干"独特用词"和一定数量的"罕用词"就不足以断定为莎氏真作。据泰勒统计，这首诗有 7 个"独特用词"：explain，inflection，admiring（n.），desiring（n.），speck，scanty，contenting（n.）。这里有 4 个（admiring，desiring，scanty 和 contenting）是通过加词缀而构成的新词，正合莎氏创词的习惯。另外，此诗中还包含 15 个"罕用词"。这两个数据是较有力的内部证据，说明此诗在用词习惯上也像莎士比亚。这里如果说还有什么不足，那就是未设法排除同代其他爱创新词的诗人（如 Thomas Nashe 等）创作此诗的可能性。

此外，泰勒还对此诗的韵脚也作了计量分析。据他统计，全诗共有 74 对词互相押韵。所涉及的 148 个词中有 7 个"独特用词"不能与莎氏真作做比较，需排除不计。其余 141 个押韵的词，有 121 个在莎氏真传作品中也押过韵。要是按对子来说，能作比较的有 67 对，其中 28 对在莎氏经典中也互相押过韵。这条虽然算不得十分有力的内部证据，至少还可说明此诗在用韵上也有点像莎士比亚。

三项统计一致表明：相似例证最多出自莎士比亚早期创作《维纳斯与阿多尼斯》、《鲁克丽丝受辱记》、《十四行诗》,《罗密欧与朱丽叶》和《仲夏夜之梦》。这些诗歌与戏剧大抵作于 1596 年以前。因此，泰勒推测，这首抒情诗的创作年代可能在

16 世纪 90 年代初至 90 年代中之间。

三、

盖里·泰勒在他的考据中采用了计算机计量分析法。这是 20 世纪 50 至 60 年代发展起来的一门新兴的考证技术。它具有准确、迅速的特点，一般说来分析结果是可靠的，因此近年在西方学术界运用得越来越广泛。

文学史上学者常为一些作品的谁属而争论不休。计算机技术用于考据后曾解决了不少此类问题。例如美国文史家一直弄不清一部美国建国初期的文稿（Federalist Papers）究竟是出于汉密尔顿（Alexander Hamilton）手笔，还是麦迪逊（James Madison）手笔。1964 年，两位计算机专家通过计量分析文稿中的冠词、连词等常用词，作出了令人信服的鉴别，判定哪几篇是汉密尔顿所作，哪几篇是麦迪逊所作。英国文学史上，剧作家罗伯特·格林（Robert Greene）素以对莎士比亚的嘲弄闻名，可是对他那部包含批评莎士比亚文字的自传《一先令的智慧》（*Groatworth of Wit*，1592）常有人怀疑不是他本人所写，而是出版商切特尔（Henry Chettle）假借格林的名义所写。1969 年有人通过统计词缀、分词复合词，证明此书更像出自切特尔手笔。

当然，计算机考据也有它的局限性。它要求有较多的文字材料，对于篇幅短、句式规范的诗歌，可靠性就不很强。几年前有人对 1609 年"第一四开本"莎士比亚《十四行诗》所附《一个情人的抱怨》（*A Lover's Complaint*）的谁属提出异议，认为真实的作者可能是查普曼（George Chapman）。英国计算机考据专家韦尔弗雷德·史密斯（Wilfrid Smith）对此诗作了计量分析，结果证明《一个情人的抱怨》确实更像是查普曼写的。然而，考虑到此诗不过 2,500 字，语言缺少明显特征，诗体又是当时盛行的格律，史密斯认为他的统计结果不具结论性。要确定此诗谁属，尚须考查更多的因素。①

以《一个情人的抱怨》对照盖里·泰勒考证的这首抒情诗，后者的篇幅仅 90 行，443 个字，还不到《一个情人的抱怨》的五分之一，同时诗体普通，用韵繁复，难以对比。在这种情况下，计量分析的可靠性就更有限了。

韦尔弗雷德·史密斯强调考据的严密性：1）要从各种不同的角度验证分析结果；2）要排除一切必须加以排除的因素。这两方面盖里·泰勒都没有做到。他的三项统计比较，据他自己说，都显示这首诗是莎士比亚作品，但此诗比较短，诗体又不具特色，三项分析是不够的。何况盖里·泰勒哪一项都没有做充分的对比。没有对比，就不能确定谁属。

四、

计算机计量考据现在在西方学术界很流行，但是传统考据也仍有可取之处。20 世纪 60 年代中，麦克斯威尔（J. C.Maxwell）考据 1609 年 "第一四开本"《十四行诗集》附《一个情人的抱怨》

---

① Wilfrid Smith. "That Rediscovered Poem: Can we identify Shakespeare by computer?" *The Listener*, December 12, 1985.

是否是莎氏作品，采用的即是传统法。他注重实例的比较，不用数据的统计分析。考据从作品的主题思想、情节来源、艺术手法、意象、用词等方面入手，逐项证明此诗在各方面都具有莎士比亚诗歌的特征。最后，他归纳指出："任何一项分析，单独都不足以证明一首归属不详的诗乃莎士比亚之作。但是，一首莎士比亚真作〔指《十四行诗集》〕后附的诗，恰巧同时具有以上所有成分，还说它是假托莎士比亚之名的伪作，则不能不令人感到惊讶了。①

事实上，即使在 20 世纪 70 年代，也还有学者用传统的方法考查作品的谁属。霍勃代（C. H. Hobday）1973 年考证《热情的朝圣者》（*The Passionate Pilgrim*）之第 4、第 6、第 9 首可能出自莎士比亚手笔即为一例。②他首先指出《热情的朝圣者》中这三首十四行诗的主题，都涉及维纳斯与阿多尼斯的爱情；其次强调其素材来源，均取自古罗马诗人奥维德的《变形记》，而处理手法又与莎士比亚叙事长诗《维纳斯与阿多尼斯》十分相似；二者都着力渲染维纳斯的奔放与阿多尼斯的冷漠，这显然是在模仿奥维德在《变形记》对萨尔梅西斯与赫耳默佛洛狄特的描写。考虑到这三首诗所用的意象、词语均与莎士比亚手笔一致，霍勃代认为，它们很可能是莎士比亚创作叙事长诗《维纳斯与阿多尼斯》之前的试笔。这个推测的说服力是很强的。

这里翻出 60、70 年代传统考据的实例，称赞它们的某些论证方法，并不是想以此贬低计算机计量考据的价值。计算机技术

① J. C. Maxwell. *The Poems*. Cambridge: Cambridge University Press, 1966, p.xxxv.
② C.H.Hobday. "Shakespeare's Venus and Adonis Sonnets," *Shakespeare Survey* 26, 1973, pp.103–109.

在现代考据中发挥了巨大的作用，已有实例为证。然而，我们也必须指出这种考证方法还有一定的局限性，对于篇幅短、句式不具特色、语言特征不显著的诗歌，它尚不能给出确凿无疑的结论。在这种情况下，传统的考据方法仍不失为一种有效的验证手段。

"罗林逊藏本"九节无题抒情诗

（经盖里·泰勒校订）

1

Shall I die?　Shall I fly

Lovers' baits and deceits,

sorrow breeding?

Shall I tend?Shall I send?

Shall I sue, and not rue

my proceeding?

In all duty her beauty

Binds me her servant for ever,

If she scorn, I mourn,

I retire to despair, joying never.

2

Yet I must vent my lust

And explain inward pain

by my love breeding.

If she smiles, she exiles

All my moan; if she frown,

all my hopes deceiving

Suspicious doubt, O keep out,

For thou art my tormentor.

Fly away, pack away;

I will love, for hope bids me venter.

3

'Twere abuse to accuse

My fair love, ere I prove

her affection.

Therefore try! Her reply

Gives thee joy — or annoy,

or affliction.

Yet howe'er, I will bear

Her pleasure with patience, for beauty

Sure [will] not seem to blot

Her deserts, wronging him doth her duty

4

In a dream it did seem —

But alas, dreams do pass

as do shadows —

I did walk, I did talk

With my love, with my dove,

through fair meadows

Still we passed till at last!

We sat to repose us for our pleasure,

Being set, lips met.

Arms twined, and did bind my heart's treasure.

5

Gentle wind sport did find

Wantonly to make fly

her gold tresses.

As they shook I did look,

But her fair did impair

all my senses.

As amazed, I gazed

On more than a mortal complexion.

[Them] that love can prove

Such force in beauty's inflection.

6

Next her hair, forehead fair,

Smooth and high; next doth lie,

without wrinkle,

Her fair brows; under those,

Star–like eyes win love's prize

when they twinkle.

In her cheeks who seeks
Shall find there displayed beauty's banner;
Oh admiring desiring
Breeds, as I look still upon her.

7

Thin lips red, fancy's fed
With all sweets when he meets,
and is granted
There to trade, and is made
Happy, sure, to endure
still undaunted.
Pretty chin doth win
Of all [the world] commendations,
Fairest neck, no speck;
All her parts merit high admirations.

8

A pretty bare, past compare,
Parts those plots which besots
still asunder.
It is meet naught but sweet
Should come near that so rare
'tis a wonder.
No mishap, no scape
Inferior to nature's perfection;

No blot, no spot:

She's beauty's queen in election.

9

Whilst I dreamt, I exempt

[From] all care, seemed to share

pleasures in plenty;

But awake, care take—

For I find to my mind

pleasures scanty.

Therefore I will try

To compass my heart's chief contenting.

To delay, some say,

In such a case causeth repenting.

WILLIAM SHAKESPEARE

原刊于《外语教学与研究》1986 年第 2 期

15

莎士比亚的十四行诗

在莎士比亚的全部著作中，占主导地位的当然是他的戏剧，或者说是他的诗剧。但是莎士比亚不仅是非凡的剧作家，还是杰出的诗人，他留下的诗歌中尤其瞩目的是他的十四行诗。几个世纪以来一代又一代的学者悉心研究莎士比亚的十四行诗；各国（主要是英、美）出版的莎士比亚十四行诗版本，发表的十四行诗专论、专著，在数量上并不亚于研究《哈姆雷特》、《李尔王》、《罗密欧与朱丽叶》、《仲夏夜之梦》等剧所出的版本、专论和专著。

十四行诗是一种格律严谨的抒情小诗，文艺复兴初期流行于意大利民间。14世纪中叶意大利诗人彼得拉克（Francesco Petrarch，1304–1374年）曾采用这一诗体歌颂自己青年时倾心的少女劳拉。他的十四行诗流传很广，对欧洲大陆和英伦三岛产生了很大的影响。16世纪中叶，这种以歌咏爱情为主要内容的诗体由贵族诗人华埃特（Sir Thomas Wyatt）介绍到英国，不久即风行于英国诗坛。一般诗人追随风雅，把它当作时髦的写作练习，而锡德尼（Sir Philip Sidney）、丹尼尔（Samuel Daniel）和斯宾塞（Edmund Spenser）等诗人则经过吸收创新，写出了形式完美而有内容的十四行诗组。这种诗体到了莎士比亚手中又作了一番改造。原来意大利的十四行诗通常分上下两节，上节八行（称作 Octave），下节六行（称作 Sestet），每行含 11 个音节，韵脚排列为：abba abba，cdc dcd。莎士比亚打破了这个惯例而自创一格。他的十四行诗采用三个四行的小节（quatrain）加一个偶句（couplet）的格局，每行五个抑扬格音步（iambic pentameter），亦即一轻一重十个音节，韵脚排列为：abab，cdcd，efef，gg。这种严谨的格律意味着重重约束，对一般诗人而言，是十分严峻的挑战。而莎士比亚却以惊人的诗才驾驭了这种诗体，给它注入新鲜的内容，表现丰富、复杂的思想感情。他的十四行诗每首紧扣一个中心，诗中通过三小节、一偶句的编排体现起承转合，而音调铿锵的诗末偶句又常如警句归纳全诗，点明题意。整个 154 首十四行诗诗组前后呼应，贯通一气，围绕同一主调，展现出无穷的变化。就个别诗而论，莎士比亚的 154 首十四行诗中，也有一些不很完美；然而，作为一个艺术整体，它们无疑是英国十四行诗的一座高峰。

1609 年，莎士比亚的 154 首十四行诗由伦敦的出版商托马斯·索普（Thomas Thorpe），首次汇集出版，这就是所谓"第一四开本"（The First Quarto）。（见下图）前此十年，其中的两首十四行诗（第 138 首和第 144 首）即已在一个荟萃流行小诗的诗集《热情的朝圣者》(*The Passionate Pilgrim*, 1599）中刊出。①
据说更早些时候，他的一部分十四行诗就在贵族和文人雅士中间
传阅。② 关于这些十四行诗的创作年代，学者尚有争论，但目前
较为普遍的说法是：大多可能列作于 1592 年至 1596 年。当时莎
士比亚来到伦敦已有几年，他对人生与未来充满了理想，但目睹
伊丽莎白王朝由兴盛走向衰败，权贵争宠，社会动荡不安，他深
为忧虑。16 世纪 90 年代初，他一连编出几台引人注目的好戏，
赢得了某些显贵的赏识，而开始接触上流社会。可是伶人和编剧
的身份仍使他受人鄙视。1592 年伦敦流行严重的瘟疫，戏班子
解散或赴乡间，莎士比亚生活也很困难。他亟需得到上层人物的
庇护，以便施展他的才华，在伦敦的诗坛上争得一席地。

　　1593 年和 1594 年，莎士比亚公开发表了他献给青年贵族骚
散普顿伯爵（Henry Wriothesley, Earl of Southampton）的两首叙
事长诗：《维纳斯与阿多尼》(*Venus and Adonis*)、《鲁克丽丝受辱
记》(*The Rape of Lucrece*)。这位骚散普顿伯爵 8 岁丧父承袭爵位，
此时年轻帅气，不愿结婚，颇有一些诗人献诗称颂他，想得到他
的庇护。一说莎士比亚的十四行诗大部分也是呈献给他的。③

　　大约就在这两年和稍后的几年内，莎士比亚利用演戏、编剧
之余，或在外地巡回演出途中，写下了一首又一首的十四行诗。

---

① 出版商贾格特（William Jaggard）在这部诗集的书名页上落款："W. 莎士比亚著"。
　　其实所收 20 首诗中仅 5 首为莎士比亚所著（两首为十四行诗，三首选自他的喜剧
　　《爱的徒劳》)。
② 有个叫弗朗西斯·梅尼斯的文人于 1598 年曾称赞过莎士比亚的两首叙事长诗和
　　"他在密友中传阅的令人醉心的十四行诗"。
③ 另有一说谓莎氏十四行诗是呈献给另一个青年贵族潘勃罗克伯爵（William Hebert,
　　Earl of Pembroke）的。据记载，这位伯爵 1596 年才到伦敦。此说若成立，莎氏十四
　　行诗的创作年代就不可能是 1592 年至 1596 年。

S HAKE-SPEARES,
SONNETS.

FRom faireſt creatures we deſire increaſe,
　That thereby beauties *Roſe* might neuer die,
But as the riper ſhould by time deceaſe,
His tender heire might beare his memory:
But thou contracted to thine owne bright eyes,
Feed'ſt thy lights flame with ſelfe ſubſtantiall fewell,
Making a famine where aboundance lies,
Thy ſelfe thy foe,to thy ſweet ſelfe too cruell:
Thou that art now the worlds freſh ornament,
And only herauld to the gaudy ſpring,
Within thine owne bud burieſt thy content,
And tender chorle makſt waſt in niggarding:
　　Pitty the world,or elſe this glutton be,
　　To eate the worlds due,by the graue and thee.

2

VV Hen fortie Winters ſhall beſeige thy brow,
　　And digge deep trenches in thy beauties field,
Thy youthes proud liuery ſo gaz'd on now,
Wil be a totter'd weed of ſmal worth held:
Then being askt,where all thy beautie lies,
Where all the treaſure of thy luſty daies;
To ſay within thine owne deepe ſunken eyes,
Were an all-eatingſhame,and thriftleſſe praiſe.
How much more praiſe deſeru'd thy beauties vſe,
If thou couldſt anſwere this faire child of mine
Shall ſum my count,and make my old excuſe
Proouing his beautie by ſucceſſion thine.
　　　　　　　　　　　　　　　　B　　　　　Thi

莎士比亚《十四行诗集》"第一四开本"（The First Quarto，1609）"布列奇沃特"
本首页，藏美国南加州亨廷顿图书馆。

186

这些十四行诗虽然未必完全是自传性质，但毕竟还是反映了诗人在这一段时间里的经历和心态。它们是文学创作，然而，从中我们可以比看他的戏剧更加直接地看到他真实的思想和感情。

关于莎士比亚十四行诗流传着种种解释，其中大多属于猜测，并无十分可靠的依据。但有一种解释则已为学者共同接受，那就是，这154首诗大体可分为两组：第一组从第1首到第126首，献给诗人的一位男性青年贵族朋友；第二组从第127首到第152首，或写给或讲到一位深色皮肤的女人；最后两首借希腊典故咏叹爱情，同前两组诗都无关。

第一组第1首至第126首十四行诗，是整部诗集的主体。莎士比亚在这组诗中，热情地歌颂友人的青春和美貌，歌颂他们之间的友谊和感情；他规劝这位友人娶妻生子，借以使他的青春和美貌在后代中获得永生；他叹息时间将摧毁一切，指出唯有爱情和文学创作才能战胜时间；他倾诉自己与友人分离和疏远时的牵挂和痛苦，慨叹他们之间的亲密关系一度蒙上了阴影，但又表示坚信爱与真的力量必将战胜恶与假，无论后者以何种面目出现——女人的诱惑、庸人的诽谤，还是旁的诗人的奉承和倾轧。第二组诗是第一组诗的续篇，但创作时间大多与前一组诗交叉重合。在这组诗里诗人抒写了自己对一个深色皮肤女人的迷恋。其中也有好几首诗责备这位深色皮肤的女人背信弃义，以邪念勾引了他的贵族男友的心，破坏了他们之间真诚而深厚的友谊。

两组诗合在一起，主调是歌颂人的美与不朽、人间的友谊与爱情、人生的理想与文艺创作的理想。与此同时，不少诗也谴责跟这些精神相对立的虚假与邪恶。诗中诗人常流露出他对当时英国社会和个人处境的不满；有时则直抒心怀，以淋漓的笔墨抨击社会中的丑恶现象。这种对现实的批判，在莎士比亚戏剧中也能找到相应的反映。在著名的第 66 首十四行诗中，莎士比亚写道：

……眼见天才注定做叫化子，

无聊的草包打扮得花冠楚楚，

纯洁的信义不幸而被人背弃，

金冠可耻地戴在行尸的头上，

处女的贞操遭受暴徒的玷辱，

严肃的正义被人非法地诉让，

壮士被当权的跛子弄成残缺，

愚蠢摆起博士架子驾驭才能，

艺术被官府统治得结舌钳口，

淳朴的真诚被人瞎称为愚笨，

囚徒"善"不得不把统帅"恶"伺候，

　　厌了这一切，我要离开人寰，

　　但，我一死，我的爱人便孤单。

（梁宗岱译）

这里控诉的种种罪恶，在他生活的英国社会中确实存在，例如他所说的"艺术被官府统治得结舌钳口"（And art made tongue-tied by authority）可能就是影射 1596 年、1597 年伦敦当局关于禁演戏剧的一些规定。而莎士比亚这种深沉的情调和他对现实的激烈的批判，在他的《哈姆雷特》等剧中也可以找到相应的反映。

尽管莎士比亚在某几首十四行诗中也暴露出一些中世纪反科学的残余观念，我们应该肯定，整部莎士比亚十四行诗集是表达了欧洲文艺复兴时期人文主义的新思想，它与中世纪宣扬人生来有罪以及禁欲主义的信念直接对抗，具有进步的意义。

为表现丰富深刻的主题思想，莎士比亚在他的十四行诗中任想象的野马驰骋于无比广阔的空间。他运用的比喻和意象十分丰富：从天体到自然，从乡村到都市，从军事、法律、经济到宗教、服饰、园艺，或信手拈来，或精心编织。他的比喻新鲜、生动、准确，结构富有变化。它有时表现为一个词或词组，有时跨越一行，有时甚至贯穿一小节乃至整首诗。此外，莎士比亚在十四行诗中还常用拟人、夸张、对照、反语、双关和矛盾对立语（oxymoron）等修辞手法。他的双关语充满机智，他的矛盾对立语以及反论（paradox）蕴含着丰富的内容、深邃的思想。在十四行诗中，莎士比亚感情起伏、思绪万千。他时而欢愉，时而忧伤，时而嫉妒，时而开朗，时而沉思，时而失望。这些情感的曲折变化充溢在十四行诗的语言中，表现在十四行诗的韵律上。莎士比亚常用头韵、内韵、谐音，重复、停顿、长短音交错等手段来烘托内容，更增强了其十四行诗的感染力与音乐性．从诗学的角度看，莎士比亚的十四行诗还是我们学习研究文艺复兴时期英语诗歌风格与韵律的一个很好的范本。

莎士比亚《十四行诗集》最早的版本是 1609 年出版的"第一四开本"。以后于 1694 年虽然又出过一个版本，可是并不十分可靠。最近一、二百年，英美等国出了许多不同的莎士比亚十四行诗版本，它们大多以"第一四开本"为底本，但作了一定校勘；其中比较重要的有 1780 年梅隆（Malone）的版本、1881 年道顿（Dowden）的版本、1918 年普勒（C. K. Pooler）编注的"亚屯"版（The Arden Edition）、1944 年罗林斯（H. E. Rollins）编的"新集注本"（New Variorum Edition）等。最近十多年出版的莎氏十四行诗新版本中令人瞩目的则是美国学者布思（Stephen Booth）于 1977 年编出的一个版本（*Shakespeare's Sonnets Edited with Analytic Commentary*）以及英国学者英格拉姆（W. G. Ingram）与雷德帕斯（Theodre Redpath）于 1964 年合编，1978 年修订重版的一个本子（*Shakespeare's Sonnets*）。自 18 世纪后期至 20 世纪 40 至 50 年代，莎士比亚十四行诗研究一向十分注重版本的考订，除校勘、注疏、引证外，重要的莎氏十四行诗版本前一般总要附一篇洋洋一二万字的引言，烦琐地考证所谓的一些事实。例如，这些十四行诗是莎士比亚真实遭遇的记录，还是虚构的创作？根据"第一四开本"出版者的"献词"，这些诗是呈献给一位"W. H. 先生"的，这位先生究竟是谁？第 1 至第 126 首十四行诗是写给一位贵族青年的，他是不是"W. H. 先生"？第 127 至第 152 首十四行诗是写给或讲到一位深色皮肤的女人的。她又是谁？诗中提到一位"诗敌"，那又影射什么人？20 世纪，特别是 20 至 30 年代以后，十四行诗研究者的兴趣又转移到另外一些问题：这些诗是什么年代创作的？"第一四开本"的排列顺序是否符合莎士比亚的创作时间顺序？怎样排列才更符合莎士比亚本来的创作意图？50 年代以后，莎士比亚十四行诗研究又出现一种新的倾向。新一代的研究者，如英国的英格拉姆与雷德帕斯、美国的布思等，更注意十四行诗本身的涵义和艺术价值。他们认为有关十四行诗理论或"事实"的研究虽然也很重要，却终究不是十四行诗研究的根本，何况这些"事实"从来都基于猜测与假想，恐怕永远也不能彻底弄清是否属实。因此他们所编注的版本都把十四行诗当作莎士比亚的文学创作，重点对诗歌本身作详尽的分析与解释。莎士比亚十四行诗中的词语存在着大量的歧义，其中有的是诗人有意用的双关语，或作的文字游戏，有的则是由于我们不了解原诗的真意而必须采纳几种不同的解释。当代莎氏十四行诗版本，特别如布思的注释版本，对这些歧义常不厌其烦加以罗列并作分析。这样做对于深入理解十四行诗的意义有一定帮助，但有时编注者却往往做过了头，从而把一些本来并不属于莎士比亚本人的意思强加于他。这种倾向同样值得我们注意。在这方面，英格拉姆与雷德帕斯的版本似乎更注意历史的考证，因此也比布思版本更可靠一些。

莎士比亚的十四行诗，同莎士比亚的戏剧一样，是世界文学的不朽名篇。在引用最多的第18首十四行诗中莎士比亚曾预言：

So long as men can breathe or eyes can see,

So long lives this, and this gives life to thee.

只要一天有人类，或人有眼睛，

这诗将长存，并且赐给你生命。

（梁宗岱译）

原刊于《外国文学》1986年第1期

16

莎士比亚长短诗

　　莎士比亚不仅是举世无双的剧作家，而且是杰出的诗人。他创作的诗歌除了大家熟知的十四行诗外，还有叙事长诗《维纳斯与阿多尼斯》（*Venus and Adonis*）和《鲁克丽丝受辱记》（*The Rape of Lucrece*），以及《凤凰与斑鸠》（*The Phoenix and the Turtle*）、《一个情人的抱怨》（*A Lover's Complaint*）和《热情的朝圣者》（*The Passionate Pilgrim*）中的 16 首短诗。

　　莎士比亚在人才辈出的伊丽莎白时代跻身于诗坛，他的成名作不是 1609 年刊出的《十四行诗集》，而是他分别于 1593 年和 1594 年在伦敦注册出版的叙事长诗《维纳斯与阿多尼斯》和《鲁克丽丝受辱记》。16 世纪 90 年代初，莎士比亚就已开始创作他的十四行诗，他断断续续写了十年，据说其诗稿只是在友人间传阅。要不是伦敦出版商托马斯・索普（Thomas Thorpe）于 1609 年擅自结集出版了"第一四开本"的《十四行诗集》，他的

154 首十四行诗中的一大部分可能已经失传。1593 年和 1594 年在伦敦注册的两首叙事长诗则是他公开献给青年贵族骚散普敦伯爵（Henry Wriothesley, third Earl of Southampton）的，问世后即获得诗友的好评，从而为他在英国诗坛争得了名声。他在世时《维纳斯与阿多尼斯》至少出了九版，《鲁克丽丝受辱记》至少出了六版。400 年来不断有诗人模仿这两首长诗，也不断有评论家对它们作出新的评价，可见其文学意义和影响之深远。

《维纳斯与阿多尼斯》故事取材于古罗马诗人奥维德的《变形记》（Ovid, *Metamorphosis*）第 10 卷，某些情节也参考了《变形记》第 3、4 卷关于纳西索斯（Narcissus）顾影自恋和赫尔玛佛洛狄忒（Hermaphrodite）拒山林女神追求的描写。全诗 1,194 行，由 199 个六行体小节（stave of sesta rima）组成，每行五个抑扬格音步（iambic pentameter），即一轻一重十个音节，韵脚排列为 ababcc。

奥维德提供的故事情节很简单：爱神维纳斯向帅哥阿多尼斯求爱，阿多尼斯却一心一意要去打猎，他终于被他轰赶的豪猪戳死，化作一朵银莲花（anemone），这段神话性爱故事经莎士比亚加工再创造，成了一首既有神话色彩又有人间气息，既有喜剧趣味又有悲剧特征的叙事长诗。莎士比亚笔下的阿多尼斯不是神而是人，他的举止、谈吐憨厚，带有明显的英格兰乡土气息。莎士比亚笔下的维纳斯说是神，却更像一个专横、纵欲的女人。有些评论家认为莎士比亚给爱神维纳斯掺入了伊丽莎白女王等女强人的性格特点，也许她身上还有诗人自己的妻子安妮·哈撒韦的影子。

20 世纪末，北美某些学者把莎士比亚笔下的维纳斯视为"性干扰"、"性暴虐"的先例，中国学者可能会觉得这种解释牵强。应当指出，莎士比亚的古罗马范本重点是宣扬生育繁殖神话（fertility myth），经他改编之后这一重点已不明显。虽然他笔下的维纳斯不厌其烦地渲染纵情，但是他作为叙述者同情的是不愿被早恋纠缠的阿多尼斯。阿多尼斯被豪猪戳死这段情节是由维纳斯凭想象倒叙出来的。据她的揣测，豪猪是想去吻帅哥阿多尼斯，不小心伤害了他。这不免使读者联想到维纳斯对阿多尼斯的一味求爱，这种一厢情愿的爱只能伤害帅哥。

诗歌结尾更具莎士比亚的特色。阿多尼斯是怎么变成银莲花的在罗马神话中显得很重要。这里却一笔带过，着重去写维纳斯在悲愤中诅咒人类之爱从此将充满波折与灾难。这段独白预示了莎士比亚即将展现的更高超的戏剧才华。

《鲁克丽丝受辱记》即是莎士比亚在《维纳斯与阿多尼斯》的献词中披露要写的"更为凝重的诗篇"（"graver labor"），它把我们带进了一个深邃的悲剧世界。

鲁克丽丝的故事来源于罗马史学家李维的罗马史（Livy, *Ab Urbe Condita*）和罗马诗人奥维德的《岁时记》（*Fasti*）。莎士比亚在再创造的过程中也兼收并蓄了乔叟的《贞节妇女的传说》（Geoffrey Chaucer, *The Legend of Good Women*）和佩因特《欢乐宫》（William Painter, *The Palace of Pleasure*）中的某些细节。全诗1,855行，由275个七行体小节（septet）组成，每行五个抑扬格音步，韵脚排列为ababbcc。

说《维纳斯与阿多尼斯》的主题是"性干扰"、"性暴虐"有点勉强。维纳斯毕竟是神，她追求阿多尼斯并没有得逞。说《鲁克丽丝受辱记》挖掘这个主题，则一点也不过分。塔昆是古罗马末代大帝（Lucius Tarquinius，公元前534–509年在位）的传位太子，他仗势欺人，强奸了部属的妻子鲁克丽丝，给她和她的家庭带来了无法弥补的灾难。鲁克丽丝被强暴后走投无路，决定自尽。在咽气前，她向闻讯赶回家中的丈夫、父亲及他们的朋友公开揭露了塔昆的罪行。她临死前的控诉和长夜中痛苦的独白是一个受害妇女对"性干扰"、"性暴虐"最有力的抨击。

　　莎士比亚对鲁克丽丝的悲惨遭遇的同情极深，读者能体会到这一点是因为他有足以表达这种感受的卓越的艺术手段。诗中有细致的心理剖析，也有恰当的比喻。鲁克丽丝在黑夜里不断哭泣，自然要联想到菲洛墨拉（Philomela）。这个希腊、罗马神话中的女子也是被王族强奸的，只是强奸她的是她的姐夫色雷斯国王忒柔斯。她被割去舌头并囚禁起来后以顽强的毅力编织出一条锦毯，用图像揭发她姐夫的罪孽，最后自己化作一只夜莺夜夜长鸣。

　　《鲁克丽丝受辱记》是被评论得最多的莎士比亚著作之一。一说这首诗的用意是告诫骚散普敦伯爵要慎用职权（参见 E. P. Kuhl, Shakespeare's *Rape of Lucrece*）。一说莎士比亚借此诗劝告当权者加强法治以保障社会安定（参见 Michael Platt, *Rape of Lucrece and the Republic for Which It Stands*）。此二说虽然强调诗歌的政治意义，却没有触及莎士比亚所揭示的男女不平等的政治。诗歌用了近三分之二的篇幅写鲁克丽丝被强暴后的困境：她不能不死，却又不愿含冤而死。在她生活的那个古罗马社会中，女人只是男人的一份财产，就是在她自尽之后，她的丈夫和父亲还要争论她是属于谁的。塔昆仗势欺人，引起公愤，最后全家被逐，恶有恶报，但是这一切并不能挽回鲁克丽丝的名誉。对于她的清白无辜到 20 世纪上半叶还有人提出质疑（参见 William Empson，Introduction to the Signet *Poems*）。是近 30 年女权主义（feminist）运动为她正了名。莎士比亚塑造的这个女主人公能引起这么多种分析，足见他的艺术之高超。

罗伯特·切斯特（Robert Chester）于 1601 年编出的诗集《爱情殉道者》（*Love's Martyr*）中收有一首莎士比亚落款的"寓言"诗《凤凰与斑鸠》，歌颂了人类不可能的、完美无缺的爱。经历代莎学家鉴定这首诗确为莎士比亚所作。全诗 67 行，分两部分：前半部分 52 行，由 13 个四行体小节（quatrain）组成；每行四个扬抑格音步（trochaic tetrameter），押抱韵（abba）；后半部分 15 行，为"挽歌"（threnody），由 5 个三行体（tercet）组成，每行四个扬抑格音步，押全韵（aaa bbb…）。

诗歌写的是鸟国的一次追悼会，哀悼的是自焚逝去的凤凰与斑鸠。它们是不朽的美与忠贞的象征。歌声高亢的鹤子或公鸡唤来了长寿的乌鸦、多情的天鹅，还有鹰，就是不邀请凶悍的秃鹫。百鸟聚集在一起赞颂凤凰与斑鸠，把恋爱提到了最高的境界。（传说阿拉伯有世上独一无二的凤凰，每 500 或 600 年自焚一次，每次从香料树枝的灰烬中再生。）凤凰为了爱抛弃了不朽，斑鸠为了爱断了传代之念。这里有柏拉图主义的声音，有人格化的理智在"挽歌"中唱出的声音：失去理智，合二而一。纯碎的柏拉图式的精神恋爱毕竟是不可能有的，诗人写的是鸟，其讽刺意义就清楚了。

西方对《凤凰与斑鸠》的评论曾一度偏重考证。一说凤凰与斑鸠暗喻伊丽莎白女王和艾塞克斯伯爵（Earl of Essex），一说此二鸟暗喻《爱情殉道者》的被提献者索尔兹伯里爵士（Sir John Salusbury）和他的情人。近几十年来的评论则更注重此诗的文体和寓意。不少学者认为此诗为17世纪"玄学派"诗歌（metaphysical poetry）开了先河，它和稍后崛起的邓恩（John Donne）的诗一样以浓缩的情感与严密的逻辑推理结合见称。

伦敦出版商索普于1609年推出的"第一四开本"《十四行诗集》还附有一首叙事长诗《一个情人的抱怨》。全诗329行，用君王诗体（rhyme royal），每七行一小节，每行五个抑扬格音步，韵脚排列为ababbcc。诗中有对帅小伙子引诱女主人公的描写，也有上勾后就被抛弃的女主人公的哭诉。它使我们联想到《鲁克丽丝受辱记》。《鲁克丽丝受辱记》很大一部分实质上为哀怨诗，《一个情人的抱怨》亦然。后者究竟是不是莎士比亚的真作，学者至今尚有争论。妇女哀怨诗作为一种诗歌类型，在17世纪初的英国非常流行。莎士比亚与斯宾塞（Edmund Spenser）、丹尼尔（Samuel Daniel）一样，是这类诗的创始人。

莎士比亚"第一对开本"全集（First Folio, 1623）的出版商贾格德（William Jaggard）于1599年出的《热情的朝圣者》中收有20首流行小诗。现已查明其中第1、第2首为莎氏《十四行诗集》之第138首与第144首；第3、第5、第16首原出于他的喜剧《爱的徒劳》；第8、第20首为巴菲尔德（Richard Barnefield）所作；第10首为格列芬（Bartholemew Griffin）所作；第19首前半节为马洛（Christopher Marlowe）、后半节为雷里（Walter Raleigh）所作；其余11首既不能肯定是莎氏的诗，也不能肯定不是莎氏的诗。贾格德用莎士比亚的名义出这个诗集说明，16 世纪末他在英国诗坛已享盛名。集子里有 4 首诗重复莎氏《维纳斯与阿多尼斯》的题材，说明当时此诗颇受欢迎。

必须指出，16、17 世纪的英诗诗稿落款往往不准确。英国牛津鲍得莱（Bodleian）图书馆藏有一首题为《我应否去死》（"Shall I Die?"）的九节抒情诗稿，显然不是莎诗，却落款威廉·莎士比亚。1985 年，美国版本学者盖里·泰勒（Gary Taylor）用电脑统计证明该诗为莎诗，把它收入了《牛津莎士比亚全集》（1986）。我在 1986 年发表的一篇文章中即指出，考证一首归属不详的诗需"从作品的主题思想、情节来源、艺术手法、意象、用词等多方面入手"。单凭电脑统计不足以证明一首仅90 行的诗为莎诗（见《新发现的一首"莎士比亚"抒情诗——评盖里·泰勒的考据》）。这首诗在 20 世纪 80 年代末、90 年代初居然收入了两个莎士比亚全集。稍后收入全集的还有一首落款"W.S."的诗稿《挽歌》（*A Funeral Elegy*）。近十年来这种草率的做法遭到了越来越多的莎士比亚学者的非难。2005 年出版的《新编牛津莎士比亚全集》虽仍保留该诗，却被标明为"17 世纪被归为莎士比亚作的诗歌"。

主要参考文献

Daigle, Lennet. "Venus and Adonis: Some Traditional Contexts", *Shakespeare Studies* 13, 1980: 31–46.

Donalson, Ian. *The Rape of Lucrece*. Oxford: Clarendon Press, 1982.

Dubrow, Heather. *Captive Victors: Shakespeare's Narrative Poems and Sonnets*. Ithaca: Cornell University Press, 1987.

Ellrodt, Robert. "An Anatomy of *the Phoenix and the Turtle*", *Shakespeare Survey* 15, 1962: 99–110.

Empson, William. *Introduction to the Signet Poems*. New York: Signet, 1972.

Foster, Donald W. "Shall I Die?" *TLS* January 24, 1986.

Kuhl, E.P. "Shakespeare's *Rape of Lucrece*". *Philological Quarterly* 20, 1941: 352–60.

Lindheim, Nancy. "The Shakespearean *Venus and Adonis*. *Shakespeare Quarterly* 37, 1986: 190–203.

Platt, Michael. "*The Rape of Lucrece* and the Republic for Which It Stands". *Centennial Review* 19, 1975: 59–79.

Shakespeare, Williams. *Complete Works*. Ed. Stanley Wells and Gary Taylor. Oxford: Clarendon Press, 1987.

---.*Complete Works*. Ed. Stanley Wells and Gary Taylor. Second edition. Oxford: Clarendon Press, 2005.

---.*The Narrative Poems*. Ed. Jonathan Crewe. New York: Pelican Books, 1999.

---.*The Poems* (New Arden Shakespeare). Ed. F. T. Prince. London: Methuen, 1960.

---.*The Poems*. Ed. J. C. Maxwell. Cambridge: Cambridge University Press, 1966.

---.*The Poems: Venus and Adonis, The Rape of Lucrece, The*

Phoenix and the Turtle, The Passionate Pilgrim, A Lover's Complaint (New Cambridge Shakespeare). Ed. John Roe. Cambridge: Cambridge University Press, 1998.

---.*Riverside Shakespeare*. Ed. G. Blakemore Evens. Boston: Houghton Mifflin, 1974.

---.*The Sonnets and Narrative Poems*. Ed. William Burto. New York: Everyman's Library, 1989.

Taylor, Gary. "A new Shakespeare poem? The evidence...," *TLS* December 20, 1985.

钱兆明，《新发现的一首"莎士比亚"抒情诗——评盖里·泰勒的考据》，《外语教学与研究》1986 年第 2 期，第 40–44 页。

莎士比亚，《莎士比亚注释丛书第 32 卷：长短诗集》，钱兆明注释，北京：商务印书馆，2008 年。

---.《莎士比亚全集》第 8 卷，孙法理、辜正坤译，南京：译林出版社，1998 年。

原刊《莎士比亚注释丛书第 32 卷：长短诗》

北京：商务印书馆，2008 年

17

海明威的短篇小说《一个
干净、明亮的地方》

厄内斯特·海明威（1899–1961）是第一次世界大战以后美国文坛崛起的最有影响的小说家之一。《一个干净、明亮的地方》（*A Clean, Well-lighted Place*）是他早期的名作，寥寥 3,000 余字显示了他的思想观点和文学风格。

故事发生在第一次世界大战后的马德里。开头是一段自然、清晰的白描：深夜，一个老人在一家餐馆露天桌位树荫下独饮，两个侍者倚门而坐在观望。淡淡几笔勾出了一幅畸零人借酒浇愁的图景，给人留下了深刻的印象。

接着是两个侍者的对话——海明威独创的"电报式"的对话——谈到老人的孤独与绝望，也吐露了他们俩对人生的不同看法。

镜头在不断转移，画面在不断缩小。起先是餐馆的全景，老人离去后剩下了两个侍者，最后灯光打在年长的侍者一人身上，

透视了他的整个身心。他在回家途中的一段独白吐出了他内心的空虚和苦恼:

It was all a nothing and a man was nothing too. It was only that and light was all it needed and a certain cleanness and order.

一切都是虚无,人也是一样。就是那,所需的就是明亮,亦即某种洁净和秩序。

(蓝仁哲译)

这是海明威典型的孤独主人公的内心独白,表现的是他最常涉及的主题:迷惘、空虚与幻灭。

值得注意的是,故事里的人物都无姓名,只有青年、中年、老年三种人。这意味着作品描写的不是个别人物,而是代表着幻想、幻灭和绝望的几类人。当"幻灭"的主题被揭示以后,各类人物和他们周围的事物便赋予了深刻的象征意义:生命不是永恒的,青年侍者会变成中年侍者,中年侍者会变成老人;"镇住了尘土"的露水会消散,餐馆的明灯会熄灭,人也总要上床安息。于是,故事的标题《一个干净、明亮的地方》便成了一个讽刺:在一个混沌、虚无的世界上连一个干净、明亮,得以暂时安身的地方也是靠不住的。

海明威生于美国伊利诺伊州芝加哥市郊一个医生家庭。第一次世界大战时,他在意大利开过救护车。战后他旅居巴黎,发表了成名小说《太阳照样升起》(*The Sun Also Rises*,1926)与《永别了,武器》(*A Farewell to Arms*,1929),成为"迷惘的一代"的代表作家。西班牙内战爆发后,他以记者的身份前往采访,写出了反法西斯主义的作品《丧钟为谁而鸣》(*For Whom the Bell*

Tolls，1940）。第二次世界大战后他移居古巴，在那里发表了《老人与海》（*The Old Man and the Sea*，1952）。1954 年他获得诺贝尔文学奖。1961 年他在美国爱达荷州家中自杀身亡。

海明威的短篇小说艺术造诣很高。他的早期名篇《一个干净、明亮的地方》已经显示了他在这方面的卓越才华。

原刊于英汉对照《二十世纪英美短篇小说选》
外语教学与研究出版社，1987 年

18

菲茨杰拉德的名篇《重游巴比伦》

弗朗西斯·斯科特·基·菲茨杰拉德（Francis Scott Key Fitzgerald, 1896–1940）也是第一次世界大战之后崛起于美国文坛的重要作家之一。跟海明威一样，他也属于"迷惘的一代"。

《重游巴比伦》（*Babylon Revisited*）是菲茨杰拉德的名篇之一。篇题《重游巴比伦》典出《圣经·启示录》第18章："我的民哪，你们要从［巴比伦］那城里出来，免得与它同罪"。这里，"巴比伦"指1929年10月"黑色星期四"前后的巴黎。"黑色星期四"纽约华尔街股市突然暴跌，引发全球金融、经济大危机。这场股灾摧毁了美国一代纨绔子弟骄奢淫逸、纵情作乐的美梦。美国向何处去？美国人向何处去？这就是作品的主题。作者通过一个美国人在金融、经济大危机中的遭遇，集中地表现了这一主题。繁荣的20年代在股市发了财，堕落为酒鬼而丧妻失女的查利·威尔斯回到满目萧条的巴黎，想领回由小姨子夫妇监护的女儿，重建美满的家庭。可是繁都残迹的诱惑、酒肉朋友的召唤和小姨子对他的不信任最终使他未能如愿。

故事末尾查利向利兹酒吧调酒师询问，"欠你们多少？"这正是作者通过查利之口向社会提出的责问。他的同情显然是在"暴涨时期就丢失了一切"，现在决心悔改却茫然不知所向的查利一边。抨击的是给这一代美国青年带来幻想、无聊、堕落、空虚和迷惘的美国社会。

这部短篇小说在叙述技巧上也是很别致的。菲茨杰拉德写的是法国巴黎，但安排的主要场景却是美国人在巴黎开的利兹酒店和一个侨居在巴黎的美国家庭；出场人物又全是美国人。他只写了三天半，六、七个人，可反映的却是1929年"黑色星期四"前后两个不同的时期，查利、查利的旧友洛蕾恩和查利的小姨子玛丽恩三种不同类型的美国人在这两个时期的遭遇和心理。小说生动感人，情节紧凑曲折，末尾又有突变，从而使主题获得了深度。

菲茨杰拉德生于明尼苏达州圣保罗市一个商人家庭。他在普林斯顿大学上学时开始创作诗歌和短篇小说。1917年他应征入伍，但未曾上欧洲战场。1920年，他发表了第一部长篇小说《尘世乐园》（*This Side of Paradise*）。五年后，他的成名作《了不起的盖茨比》（*The Great Gatsby*，1925）问世。短短的一生中，他创作了四部半长篇小说、160篇短篇小说。这些作品大多描写他称之为"爵士时代"的美国现实，体现年轻一代对"美国梦"的幻灭。他的代表作《了不起的盖茨比》深刻地表现了这一主题，在美国现代文学史上占有一定的地位。看完这篇短篇，再读那部长篇小说将会对菲茨杰拉德和 20 年代的美国有更深刻的了解。

原刊于英汉对照《二十世纪英美短篇小说选》

外语教学与研究出版社，1987 年

19

乔伊斯早年的短篇小说《阿拉比》

詹姆斯·乔伊斯（James Joyce，1882-1941）是 20 世纪最有影响的小说家之一。《阿拉比》（*Araby*）是他早年的名篇，写一个天真烂漫、情窦初开的少年。他成天就想跟对街"曼根的姐姐"说上几句话。一天傍晚，他真的跟"曼根的姐姐"说上了话，并且获知她修道院要做静修，她正为周六去不了教会办的阿拉比集市而苦恼。从此，故事小主人公的使命就是去阿拉比集市，给"曼根的姐姐"买一件她心爱的礼物。抚养他的叔叔答应周六给他零钱，让他自己去阿拉比集市。接下来就是一连串的等待：先是等周六的到来；到了周六，就是等叔叔回家，叔叔迟迟不回家；等叔叔回到家，给了他零钱，去阿拉比集市的火车又误了点。集市的名字叫"阿拉比"，富有《天方夜谭》（*Arabian Nights*）的色彩和魅力，可是小主人公见到的阿拉比集市却是冷峻而黯淡无光的。他到达时，商贩正在收摊，场子的灯火已多半熄灭。这个追求幻想的故事以幻想开始、以幻想的破灭告终。结尾两句话点明了作品的主题：

我抬头朝黑暗望去，看到自己原来是一个受虚荣支配、被虚荣作弄的可怜虫，于是眼睛里燃烧起了痛苦与痛恨的光。

（Gazing up into the darkness I saw myself as a creature driven and derided by Vanity; and my eyes burned with anguish and anger.）

故事以小主人公的口吻写成，但十几岁的小主人公不可能有这样惊人的"顿悟"，这倒像是少年长大后回首往事，突然醒悟，发自肺腑的感叹。

故事的背景是 20 世纪初在英国统治下的都柏林。乔伊斯的短篇小说为我们再现了那里的风土人情。请看：

我们穿过五光十色的街道，时而撞上醉汉，时而擦过正在讨价还价的主妇。卖力气人的诅咒声，看守着大桶猪头肉的伙计单调、刺耳的叫卖声，还有几个街头艺人带着浓重的鼻音唱那赞颂欧唐纳芬·罗萨的《你们都来吧》，或一支感叹我们国难的歌谣。

We walked through the flaring streets, jostled by drunken men and bargaining women, amid the curses of labourers, the shrill litanies of shop-boys who stood on guard by the barrels of pigs' cheeks, the nasal chanting of street singers, who sang a come-all-you about O'Donovan Rossa, of a ballad about the troubles in our native land.

寥寥几笔，就把 20 世纪初都柏林的街道、市民、风俗、世态刻画得如此具体、真切！这段文字中提到的欧唐纳芬·罗萨

（1831-1915）就是当年受广大爱尔兰民众爱戴的自由运动斗士。从这个意义上说，《阿拉比》可算得一篇优秀的现实主义作品。

然而，乔伊斯毕竟是西方现代主义大家，他早年的现实主义作品已经带上了现代主义的特色。这篇短篇小说交叉描写了理想与现实两个世界。理想中"曼根的姐姐"的形象宛如贞洁的圣母，阿拉比集市成了富有东方魅力的圣地。而现实世界却是那么的平庸，处处散发出浓厚的市侩气息：朝圣的少年手里捏着一块弗罗林银币，穿过五光十色的大街；在神圣的集市大厅里观望英格兰青年男女调情，静听"音乐咖啡馆"的伙计数银盘中的硬币。显然，这些形象都隐含着象征意义，而乔伊斯要表现的主题也不只是一个初恋少年的惆怅失意。这里包含着作者对宗教和爱尔兰民族精神的失望，还有他对金钱与商业文明的痛恨与仇视。

乔伊斯出生于都柏林一个渐趋破落的中产阶级家庭。他从小接受天主教耶稣会教育，学习成绩优异，大学毕业于都柏林天主教国立大学。22 岁时为了同宗教决裂，他离乡背井、流亡到法国、瑞士和意大利，在异国他乡度过了大半生。他的文学创作除了诗歌、戏剧、评论外，有中篇小说《青年艺术家的肖像》（*A Portrait of the Artist as a Young Man*，1916）、长篇小说《尤利西斯》（*Ulysses*，1922）、《为芬尼根守灵》（*Finnegans Wake*，1939）和早年的短篇小说集《都柏林人》（*Dubliners*，1914）。乔伊斯的长篇小说采用了现代主义的"意识流"创作手法，对现当代西方文学有巨大的影响。然而，对我们来说，首先值得一读的还要数他的《都柏林人》。《阿拉比》即是那部短篇小说集中的第三篇。

原刊于英汉对照《二十世纪英美短篇小说选》
外语教学与研究出版社，1987年

20

普列契特的短篇小说和他的风格

美国评论家保罗·西伦最近在《星期六文学评论》上说："普列契特在文学创作上的成就是卓著的，然而其中最令人瞩目的还是他的短篇小说。"著名的文学评论家沃尔特·艾伦则在他的近著《英语短篇小说》（1981）中称他为"D. H. 劳伦斯之后英国短篇小说创作的巨擘"。

V. S. 普列契特（Sir Victor S. Pritchett，1900–1997）的成功首先在于他继承了英国批判现实主义小说的传统。在他的短篇小说中，我们可以看到查尔斯·狄更斯的影响。同这位 19 世纪的小说巨匠一样，普列契特也注重写实，注重塑造特殊环境中的典型人物。他笔下的故事充满了幽默和讽刺，充满了逼真而又稀奇古怪的人物画像。他犹如一位出色的漫画家，一眼就能看准代表人物性格的外貌特征，寥寥几笔就把他们的性格活龙活现地表现出来，使人观其外貌便知其内心。对于普列契特的短篇小说，人们记住的往往不是它们的情节，而是它们提供的富有漫画色彩的人物肖像。透过这些人物的外貌和他们的种种表演，我们看到了英国社会生活的各个层面。

然而，普列契特毕竟是一名20世纪的作家。在创作技巧上，他从屠格涅夫、陀思妥耶夫斯基、契柯夫、劳伦斯等小说家的作品中吸取了营养，而在思想意识上他又接受了弗洛依德精神分析理论的某些影响。更为重要的是，经历了20世纪30年代初的经济危机、1939–1944年的二战，经历了战后的经济停滞、政治保守，作为一名当代作家，他以犀利的目光观察了英国社会，特别是他周围中、下层人民的生活方式和道德观念，从五光十色的社会表面现象中捕捉到了代表生活本质的偶然事件，用短篇小说的形式，如实、生动地把它们记录下来，加工创作，并获得了巨大的成功。

普列契特曾经说过：长篇小说往往什么都写，"短篇小说则要靠新奇的人物与事件，叙述者独特的叙述手法和他的布局天赋迅速吸引住读者。"① 他本人正是按照这种精神进行创作的。普列契特的每一篇短篇小说都只写一个事件，通过对这一事件的匆促一瞥，不动声色地揭示出平静事件下骇人听闻的实质性问题。他的作品显示出他对当代西方社会的细致观察。他善于运用自然、明快的语言，透过一些表面上看来颇为正常的人物的怪僻行径，揭示出他们的病态心理和动机，鞭挞西方社会的邪恶和弊端。这正是普列契特的独特文学风格。

普列契特出生于英国萨福克郡伊普斯威奇的一个商人家庭。

---

① V. S. Pritchett. Introduction to *The Oxford Book of Short Stories*. New York: Oxford University Press, 1981, p.xiv.

从 16 岁起，他就开始在伦敦做皮货生意，20 岁又到巴黎谋生，替几家公司推销照相器材、虫胶、骨胶、鸵毛等等。这段生活使他看到了西方社会的种种邪恶和人与人之间的淡漠关系，对以后的文学创作产生了巨大的影响。1923 年至 1926 年，普列契特先后担任了美国《基督教科学箴言报》驻爱尔兰和西班牙的记者。为了谋生的需要，他同时又给英国的几家期刊写短篇小说、文学评论。1927 年，他回到伦敦，开始为有名的《新政治家》月刊撰稿。长期的记者生活使他有机会广泛接触社会和各阶层人民，同时在写作技巧上得到了锻炼。

50 年代以后，普列契特先后在英美许多大学任教和讲学，同时继续以旺盛的精力从事文学创作。1951 年他的长篇小说《比兰克尔》（*Mr. Beluncle*）面世。60、70 年代，他相继发表了《女儿回家》（*When My Girl Comes Home*，1961）、《痴呆的爱情》（*Blind Love*，1969）、《坎伯韦尔的美人》（*The Camberwell Beauty*，1974）和《在悬崖边上》（*On the Edge of the Cliff*，1979）等短篇小说集。这些集子所收的短篇小说取材十分广泛，内容十分丰富。他在艺术上也更趋成熟、完美。然而，普列契特创作的人物和"世界"，一眼望去总还是普列契特的。不管他的笔触及生活的哪个侧面，他的作品始终表现出他对人性中的怪僻和妄想有着特殊的敏感和浓厚的兴趣。

这里译载的《贵族》是普列契特早期的作品，描写了酒店里发生的一段插曲，诙谐的笔调下流露出淡淡的凄婉。《女儿回家》选自同名短篇小说集，通过伦敦贫民区的一个寡妇的女儿在国外漂泊了 13 年之后突然回到家乡这件事，细致入微地刻画了各种人物的反应，为我们提供了一小幅战后英国的世态图。《坎伯韦尔的美人》是普列契特70年代的一个名篇，揭示出古董商普列尼出于职业"占有欲"把活人也当成古董收藏起来的病态心理。《海滨之行》是普列契特1980年发表在《大西洋月刊》上的新作，保持了作者清新、幽默的风格。

普列契特的短篇小说文笔流畅，富有生气。他的语言具有当代英语口语的特点，简洁而又机智、俏皮。他笔下英国中、下层人民的形象跃然纸上，读来如闻其声，如见其人。

原刊于《外国文学》1982年第11期

21

试析威廉斯的五首诗

这里译了美国现代主义诗人威廉·卡洛斯·威廉斯（William Carlos Williams，1883–1963）的五首新发现的即兴诗，意在与读者一起欣赏他的艺术风格。

威廉斯是第一次世界大战以后崛起于美国诗坛的一位有影响的诗人。他出生于美国新泽西州鲁瑟福德城，大学时期与埃兹拉·庞德（Ezra Pound）、希尔达·杜丽特尔（Hilda Doolittle）结为好友，以后又同他们以及玛丽安·摩尔（Marianne Moore）等青年诗人一起在芝加哥的《诗刊》（*Poetry: A Magazine of Verse*）等杂志上发表新诗，共同促成了世纪初美国的新诗运动。威廉斯早期的诗歌受庞德、杜丽特尔等人的影响，带有意象派的意味。然而，他不是1912年兴起的意象派新诗运动的核心人物。从20年代起，他便与 T. S. 艾略特的经典主义分庭抗礼。艾略特于1927年加入了英国籍，庞德则于第二次世界大战开始后投入了意大利法西斯主义的怀抱。艾略特与庞德后来的诗离美国本土文化越来越远。威廉斯则与他们不同。他一直生活在美国本土（虽然在青年时期他曾两度去欧洲留学，以后又几次赴欧旅行），从美国文化中汲取了丰富的营养；他坚持以纯正、明白的美国本土语言写诗，写的都是普通的美国人、普通的美国事物。他的诗较少受欧洲传统的束缚，带着浓厚的美国味儿，是地地道道的美国现代诗。

威廉斯是儿科兼产科医生，他以专职医生的身份登上美国诗坛并建立了自己的地位，这就是奇事。自 1910 至 1951 年，他一直在家乡鲁瑟福德城行医——据调查替 3,000 名新生儿接过生。写诗是他在出诊途中、看病间隙以及早晨或晚饭后休息时间做的事。然而，他一生却发表了二十六七部著作——其中有诗集，也有小说、剧本、自传、文学评论。这在文学史上是少见的。

作为医生，威廉斯具有一双特殊的、锐利的眼睛。他写诗讲究具体、精确、实在，把人或事物直接写进诗里面，不加任何修饰。作为医生，威廉斯又勇于探索新的创作道路。他继承了惠特曼的浪漫主义传统，但又在诗歌形式上进行了大胆的实验和改革，从而发展了美国的自由体诗。威廉斯的诗在美国现代诗歌中是颇有影响的。

威廉斯最重要的诗作无疑是他的长篇叙事诗《佩特森》（Paterson，1946-1958）。他在这部五卷本的长诗中倾注了自己的心血，显示了他不同寻常的功力。此外，还有许多出色的抒情短诗，散见于他的各个诗集。这里介绍的五首短诗却不曾收入他的任何一本集子。是一位名叫罗伯特·伯瑟尔夫（Robert Bertholf）

的教授新近在纽约州立大学布法罗分校图书馆藏的一本诗集中发现，于1982年11月在美国《大西洋月刊》（*The Atlantic Monthly*）上第一次正式发表。诗也还是威廉斯最好的，但因为刚刚发表，还有点新鲜感，又颇能代表他的风格，便试译成中文，奉献给读者。

下面我们一起来欣赏这五首短诗。

第一首题为《贴心话》（"Brief Lief"）。熟悉威廉斯诗歌的读者一看形式，一读诗句，便知那是威廉斯的诗。标点少，用词简明，格式整齐，节奏感强而有力，这些都是威廉斯诗歌的基本特点。这些在这首诗里都有反映。略用标点是威廉斯常用的手段，往往给人以整体感，突出仅用的几个标点的含义。这首诗共6小节16行，头13行未用一个标点，迫使你一口气念下去，完整地领会诗的意义。第一小节"请／别／看重我的伟大"后不用逗号，使你感到诗人对自己的伟大看得很轻，他甚至不容你停顿思索，而直接往下念到第二小节"你／也／能像我那样"。怎么才能做到像他那样呢？在此，诗句又无停顿。诗人仿佛急于讲出"贴心话"。于是，"只／要／先让根长出／／茎／叶"。这样一连几小节，直到第5小节第13行"（一旦）成熟，……"才用了一个括号、一个逗号，停顿中你即领悟到"一旦"与"成熟"的重要性。最后在"甜／果"后用一个句号总结了全诗，一下阐明了一条朴素的真理。

诗里用的词非常平易（几乎不像诗歌用的词语），语气近乎口语，给人一种亲切感，使你感到诗人确在同你说心里话。诗中用的比喻亦很平常（根、茎、叶都是实实在在的，普通人所常见的）。然而，平常中又有曲折，最后"甜／果（Sweet／meat）"一词用得新奇，突出了重点，显出了诗人的机智。

这首诗的格局也不寻常，1、2、3、5 这四小节皆由两短、一长三行诗组成，短行一个字（原诗一个音节），长行 5 至 8 个字（原诗 5 至 8 个音节）。四、六两小节各两行，每行一个字（原诗一个音节）。全诗排列得非常整齐，形式上给人一种清爽的感觉。威廉斯早年受欧洲立方主义艺术（cubism）的影响，写诗如作现代画，讲究格式的整齐、美观。他每首诗都有一个独立的体式，看起来像用一个个方块拼成的画。这在这首诗里表现得很明显。

这首诗的节奏强烈、急促："请／别／看重我的伟大／／你／也／能像我那样……"。我们期待有个停顿，诗句却赶着向前走。诗的语言是口语化的，节奏却不像口语，这使威廉斯的诗显得新奇而有力量。

这首诗作于何时？目前还无法查考。但从诗人提到"我的伟大"我们可以推测诗可能写于 20 世纪 40 年代。威廉斯成名较晚，17 岁开始作诗，40 年代方才蜚声诗坛。1955 年他周游美国全国，访问大学，朗诵诗作。这首诗也有可能是那个时期的作品。

第二首诗题为《大选日》（"Election Day"）。大选当然指美国四年一度的总统选举。大选日在美国按规定是 11 月第一个星期的那个星期二。这首诗写的就是那一天。

全诗共 5 小节 9 行。头 4 小节各含两行诗，最后一小节仅一行诗；每行字数不等，但长短相仿。与第一首诗一样，诗里只用了三个标点—开头一个逗号，中间一个破折号，最后一个句号。全诗是一气呵成的一句话，同时又像是一笔勾成的一幅画。头一小节"和风，丽日／一位老人"，仅两行八个字，却既写了景，又点出了中心人物。第二小节"坐在破屋／的门槛—"，则写出了中心人物——一个老人的位置和姿态。这一小节的重点是"破屋"，它与上一小节"和风，丽日"的气氛形成了对照。第三小节与第四小节第一行进一步说明、描绘"破屋"，是诗中的细节。从中我们可以看到诗人观察的细致和描写的真切。第四小节第二行与第五小节又写了老人的动态："抚摩着一条／花狗的头"。"破屋""抚摩"与第二小节中的"坐"，一动一静，形成了又一个对照。整首诗的节奏是平缓的，基调是低沉的。

在"和风，丽日"的大选日，老人为什么"坐在破屋／的门槛"，他为什么要"抚摩着一条／花狗的头"？诗人对这些问题没有作说明，也无须作说明。在他看来，诗人的责任是把他看到的事物直接写入诗中，事物就是一切，其他都是多余的。在1944 年创作的《一种歌谣》（"A Sort of a Song"）一诗中，他留下了一句名言："要事物，不要概念"（"No ideas but in things"）。诗人在《大选日》这首诗里这样做了，在其他的抒情短诗中也是这样做的。

第三首为《传统的歌谣》（"Conventional Ballad"）。这首诗的调子与前面两首诗完全不同。诗人在诗中用了几个叠句、感叹句和设问句，使诗的节奏显得明快。诗的主题明朗而有鼓动力量。

全诗 3 小节 16 行，格式匀称而有变化（注意诗行的变化和诗句在跨行部位上的变异）。第一小节 5 行诗可分为两层。1 至 2 行："女士们，女士们！你们奉献的／不都中我们的意——"，以淋漓尽致的笔墨宣告了诗人的艺术观点——表现了他对"传统的歌谣"的不满。3至5行："他为何不能躲进 / 离家不远的 / 电话亭，嚼糖？"又以俏皮的口吻，鲜明、酣畅地表达了他对"传统的歌谣"的鄙视。两句诗一正一反相互衬托，点明了诗的中心意思。第2小节5行诗是首尾贯通的一句话，最后一个句号，中间没有停顿。这一小节诗含有两个对比：一是"头脑"与"双膝"的对比——在诗人看来，"我们的头脑不行"，"还是我们的双膝灵"；一是"韵律"与"体式"的对比——在他看来，"韵律赶不上 / 灵活多变的体式"。从上下文我们可以看出，"头脑"似指理智，"双膝"似指直觉或情感。作诗靠灵感而不是理智，这是浪漫主义的观点，诗人用具体的形象，特别是"双膝"这个带现代敏感的词来说明这个道理，其手法是清新、活泼的。"韵律"（measure）与"体式"（order）则是威廉斯常用的词。在伊迪斯·希尔（Edith Heal）记录编辑的《我要作一首诗：一个诗人的作品自传》（*I Wanted to Write a Poem: The Autobiography of the Works of a Poet*，1958）中，威廉斯坦言："我需要一个新的体式。旧的体式使我厌倦，它对我来说，完全是一种约束。"[1]1943年，他在给他的出版商的一封信中，又明白而又风趣地说："体式是在事实之后发现的东西，它不是小小的尿罐，人人都能往里撒尿而称满意。"[2] 由此可见，诗人所说的"韵律"是指传统的诗歌格律，它是因袭的、头脑可掌握的；诗人所说的"格式"则指随内

[1] William Carlos Williams. *I Wanted to Write a Poem: The Autobiography of the Works of a Poet*, ed. Edith Heal, New York: New Directions, 1977, p.18.
[2] William Carlos Williams. *Selected Letters*, ed. John Thirlwall, New York: New Directions, 1957, p.214.

容、情感的需要而变异的诗的形式，它是灵活多变的、不断刷新的。唯有双膝才能"将它把握"。这样一分析，这一小节诗的意思就清楚了：传统的格律不能适应新时代多变的内容的需要，新诗要随直觉、情感的变化不断刷新形式。

第 3 小节共 6 行，是全诗的高潮，节奏比上两小节更为高昂。第 1 行："甩掉那些束缚"："束缚"当然指旧体式的束缚。第 1 行末至第 2 行："让我们 / 呼吸，只求让我们呼吸！""呼吸"（breathe）亦可译为"用气韵"（谢赫六法之一"气韵，生动是也"中的"气韵"。）诗人在传统歌谣风靡一时的气氛中感到沉闷、窒息。在《冬的降临》（The Descend of Winter）一诗中，他曾写道："不能靠预定的方式过活，那都是死的"。这里，他又大声疾呼：让我们生存，让我们自由地创作。第 3 至 5 行："难道没有别的选择 / 除了听凭报废的 / 处理方法？"诗人用一个反问，有力地表达了他对不正诗风的愤慨与冲破旧体式的决心。末了诗人连用了四个"女士们"，与前句呼应，带着强烈的感情色彩结束了全诗。

这里，有一个事实值得一提。1919 年前后，美国出版了好几部篇幅可观的新诗选，都没有收威廉斯的诗。① 其中女选家玛格丽特·威尔金逊还在她选的集子《新声》（New Voices，1919）中引了威廉斯的四行诗，用揶揄的口吻写道："威廉·卡洛斯·威廉斯写过《阴影》、《大地的安宁》等几首还算不错的诗，为什么竟然又写出这样一些当然不能算诗的诗句？"《传统的歌谣》

---

① 参看 Amy Lowell. *Tendencies in Modern American Poetry*, 1917; Louis Untermeyer. *Modern American Poetry*, 1919; Jessie Rittenhouse. *Second Book of Modern Verse*, 1919; Marguerite Ogden Bigelow Wilkinson. *New Voices*, 1919. 以上四部诗选的编者恰巧都是女士。

与这些事实是否有关，还值得我们进一步去查考。

第四首《10月14日》（"10/14"）比前面三首诗更短，然而写得却更好，也更能代表威廉斯的风格。诗的题目是《10月14日》，大概作于10月14日那一天。威廉斯有很多诗以日期为题，据说他出诊时总要带一本黄皮小本子，随时将触目惊心的事物记下，回去稍一修改便是一首好诗。他的名诗《红红的独轮车》（"The Red Wheelbarrow"）就是这样写成的。《10月14日》这首诗的风格同《红红的独轮车》颇为相似。其特点是：形象鲜明、准确，文字朴实而能打动人心。

请看上节："公园的蔷薇／含着白白的花蕊／血红的／一枝蔷薇——。"诗以"蔷薇"起，又以"蔷薇"止，中间淡淡两笔，涂出了蔷薇的色彩——红白相映，令人神往的色彩——其自然朴素是显然的。恰如这枝普通的蔷薇，诗的语言也很平常，不带一点装饰点缀，按威廉斯崇拜的美国散文家斯泰恩的话说"一枝蔷薇就是一枝蔷薇就是一枝蔷薇"（"A rose is a rose is a rose"）。只要把它写入诗中，就能唤起丰富的想象。

再看下节："落叶的／擦伤尚不能／有损于／你的妩媚"。四行诗又是一句，好像是对这株蔷薇说的，它在诗人的心目中是跟人一样活的，落叶刮伤艳丽的鲜花，使之减色，然而这株蔷薇却依然妩媚。诗人从反面进一步突出了蔷薇的动人姿态，其构思是新颖的，效果是强烈的。

这首诗上下两小节各含四行诗，每行长短不一。原诗不押尾韵，但诗行中却有头韵与叠韵，读来音乐性颇强。译者功力不到，无意追摹原韵，遂译中自然形成了几个尾韵。然而第二小节第二行原诗连用了一对同音异义词（fallen leaves still leaves），译诗用"擦伤尚不能"传达原韵，不知是否显得生硬？

第五首《回条》（"Reply"）与前面几首诗又不同。它是一首十分新奇的诗。其形式已很别致——是一张有头有尾还带追加附言的留言条（这在诗歌中是罕见的）。其内容更新鲜——留言条中涉及各种食物，充满了生活气息和地方色彩。其语言也很独特——完全用地道的美国东部方言写成，连语气也像出自美国家庭主妇之口。这里我们看到了诗人诗路的开阔和体式的多样性。

这首诗的主体有三小节，最后还有单独的两行诗。诗的开头如一般的留言条："亲爱的比尔"。比尔是威廉的昵称，显然指作者本人，可见回条是留给他的。这一节下面"我给你做好了两只三明治。/ 你在冰箱里还能找到 / 蓝梅——一杯柚子汁 / 一杯冰咖啡。"用了一连串食物、饮料名称，表现了留条者对家庭生活的熟悉和对诗人的关切。第二小节分两层。第 1 至 4 行开头："倘若你爱喝茶 / 炉子上就有茶壶 / 还有足够的茶 / 叶"连用了三个"茶"字，看来有点累赘，其实既表现了留条者的语言特点，又使诗带上了重叠的韵律。第 4 至 5 行："只要点上煤气—— / 煮沸水，再放进茶叶。"语气有点俏皮，但它却表明了留条者的细致与诗人对准备早餐的无知。第三小节分三层。第 1 至 2 行："面包箱里有好多面包 / 还有黄油、鸡蛋——"，又是形象与形象的连接，每样都很具体，又都是家庭主妇熟悉的。第 3 至 4 行开头："我真不知道该给你 / 做点啥。"带了一点埋怨的口吻，多少透露了一些留条者与诗人的关系。第 4 行后半截至第 5 行："上班时间 / 好几个人打来过电话——"直接反应了诗人的工作与生活——每天都有很多人打电话来约请他看病。下面单另一行："再见。你的，弗洛斯。"我们这才知道，这张条原来是诗人的妻子弗洛伦斯写的。弗洛斯即是她的昵称。至此诗并未结束。弗洛斯突然想起还有一件事要关照她的丈夫比尔，于是在署名后又加了一句："请关掉电话机。"这行诗加得妙。它不仅进一步表现了弗洛斯对比尔的关怀，而且为整首诗增添了幽默的气氛。联系到诗题括号中的"揉成一团撂在她桌上"，我们可以看出这首诗的情调是轻松活泼的，带有强烈幽默感的。

威廉斯诗五首

贴心话

请
别
看重我的伟大

你
也
能像我那样

只
要
先让根长出

茎
叶

最
终
（一旦）成熟，自会结出

甜
果。

大选日

和风，丽日
一位老人

坐在破屋
的门槛——

窗上订着板
石缝里的

泥灰剥落
抚摸着一条

花狗的头。

传统的歌谣

女士们，女士们！你们奉献的
不都中我们的意——
他为何不能躲进
离家不远的
电话亭，嚼糖？

我们的头脑不行
韵律赶不上
灵活多变的体式
还是我们的双膝灵
顷刻就将它把握。

甩掉那些束缚。让我们
呼吸，只求让我们呼吸！
难道没有别的选择
非得用报废的
体式？女士们，
女士们，女士们，女士们！

10月14日

公园的蔷薇

含着白白的花蕊
血红的
一枝蔷薇——

落叶的
擦伤尚不能
有损于
你的妩媚

回条

（揉成一团撂在她桌上）

亲爱的比尔：我给你
做好了两只三明治。
你在冰箱里还能找到
蓝梅——一杯柚子汁
一杯冰咖啡。

倘若你爱喝茶
炉子上就有茶壶
还有足够的茶
叶——只要点上煤气——
煮沸水，再放进茶叶。

面包箱里有好多面包
还有黄油、鸡蛋——
我真不知该给你
做点啥。上班时间
好几个人打来过电话——

再见。你的，弗洛斯。

请关掉电话机。

原刊于《美国文学丛刊》1983 年第 4 期

22

China's New Interest in Foreign Literature：A Survey of Translation Periodicals

1979–1981 年国内陆续出现了 20 来种专门介绍外国文学作品的公开刊物。这些刊物在两、三年内发表了大量翻译作品，对丰富我国人民的精神生活和促进我国文学创作事业的发展起了一定的作用。本文逐一评介了《世界文学》、《外国文艺》、《外国文学》、《译林》等十种期刊，最后强调指出，这些刊物综合起来涉及到了外国文学的各个领域、各个方面，十年书荒后出现这样的盛况是十分可喜的。然后，在热情介绍外国文学作品的过程中，很多刊物还缺乏鉴别与分析：现当代作品往往鱼龙混杂而缺少有深度、有质量的评论，古典文学相形之下有所忽视，评介中很多所谓的新倾向其实是过去流行过的风尚。发表外国文学作品的刊物同外国文学作品一样，要接受读者的鉴定，并由他们决定取舍。经过鉴定，有的刊物会自行淘汰，有的则会朝着更健康、更富有生气的方向发展。

There was no coordinated plan behind the phenomenon, but between 1979 and 1981 nearly every major city in China came out with a journal of translation, and by the end of 1981 the total number was approaching twenty. This, along with the publication and reprinting of a large number of foreign literary works, has helped to bring about a new translation boom and a popular interest in world literature.

Of all the translation journals now in existence, *World Literature*, a bimonthly sponsored by the Institute of Foreign Literature under the Chinese Academy of Social Sciences, is the only one that had existed before the "cultural revolution" . Indeed, the magazine was founded by the famous writer Lu Xun in 1934, with *Yi Wen or Literature in Translation* as its original title. It played a vital role in acquainting Chinese readers with the literary works of many countries, particularly that of the U.S.S.R. and Eastern Europe. With the adoption of the new title *World Literature* in 1959, it started to broaden its scope by introducing writings of more countries to the readership, which effort, however, was choked before it had made much headway by ultra–Left influences.

World Literature suspended its publication over a period of more than ten years, but was revived in 1978. A glance over the contents of some of its recent issues and one will be impressed by the freshness of its offerings. Obviously, there is a shift in emphasis. There used to be a bias towards politically orientated works, but now prominence appears to be given to western literature. Writers of the modern sensibility, who previously had been largely ignored, have received special attention. One notices such titles as Henry James's *The Aspern Papers*, Joseph Conrad's *Prince Roman*, Franz Kafka's *The Metamorphosis*, D. H. Lawrence's *The Fox*, F. Scott Fitzgerald's *The Great Gatsby*, William Butler Yeats's *The Land of Heart's Desire* and Jean-Paul Sartre's *Die without a Burial Place*. There are also poems of Paul Valery and Hugh MacDiarmid, and critical essays of T. S. Eliot and Virginia Woolf.

Concerning contemporary literature, the journal offers a number of Nobel Prize winners: Pablo Neruda, Heinrich Böll, Patrick White, Saul Bellow, Isaac B. Singer, Odysseus Elytis, Czeslaw Milosz, and Gabriel Garcia Marquez each occupy a notable place. Other choices range from John Cheever, John Updike, and Kurt Vonnegut Jr. of the U. S. , Graham Greene, V. S. Pritchett, and Doris Lessing of the United Kingdom, Marcel Aymé and Maurice Druon of France, Alberto Moravia of Italy, Pavel Vezinov of Bulgaria to Tawfig Al-Hakim of Egypt and Yasushi Inoue of Japan. The stress seems to be on serious works of undisputed excellence. But there are also surprises, such as the refreshing poems of the American poet Robert Bly and the Gaelic lyricist Sorley MacLean.

Of course not all the offerings are modern and contemporary. Occasionally, one can still read translations of classics: Pope, Goethe, Hugo, Hawthorne, and Tolstoi, though none of them has been given too much space. Dostoevski, however, is prominently featured. There is a special number this year devoted to the great Russian novelist, which carries a complete translation of his *Notes from the Underground*, accompanied by an article commenting on it as well as a translation of a long section of Bahtin's famous treatise on the "polyphonic" effects in Dostoevski's novels.

The magazine also provides useful reviews and articles on existentialism, the "Nouveau roman", the Theatre of the Absurd, Black Humour, structuralist theory of literature, modern American poetry, British contemporary workers' novels, contemporary American women's literature, and magical realism in Latin America. Moreover, it now and then publishes lengthy critical essays on interesting and controversial topics. For example, a 1980 number featured an article on "T. S. Eliot and Literary Criticism", which brought up the issue of how to assess the literary merits of the English poet and critic in question. Other important articles on literary figures and their writings are "On Nathaniel Hawthorne's Romanticism", "On the 'Trollope Problem'", "The Main Content of The Aspern Papers", "James Joyce and 'A Terrible Beauty'", "Kafka and His Works", "D. H. Lawrence's Socio-Critical Trilogy", "Remarks on Four Poems by Paul Valery", "Hugh MacDiarmid", and so on. These articles usually contain some perceptive analysis and interesting insights.

In Shanghai, there is a parallel bimonthly journal of translation called *Waiguo Wenyi* or *Foreign Literature and Art*. One noticeable feature of that magazine is its persistent effort to introduce literary schools and movements that have influenced western culture in the past hundred years. The editors go about their task in a very practical spirit: they rarely invite critics to write on such demanding topics; instead they concentrate on publishing writings of representative authors themselves. Thus, one finds late symbolism exemplified by the prose and poetry of a group of prerevolutionary Russian authors: Z. N. Gippius, L. N. Andreyev, K. D. Balmont, and so on; modernism of the twenties represented in a series of indispensable titles: T. S. Eliot's *The Waste Land*, James Joyce's *The Dead*, Marcel Proust's *Swann's Way*, and D. H. Lawrence's *You Touch Me*; and the English "Angry Young Men" tradition reflected in the stories of Kingsley Amis and John Wain. There are also writings of the so-called post-modernists: Vladimir Nabokov, Jorge Luis Borges, Philip Roth, Susan Sontag, and so on, works of promising young writers of the U.S.S.R. and short stories of South Korean authors.

With regard to literary criticism, the journal likewise prefers to publish translations of influential western critical works. These include Henry James's *The Art of Fiction*, T. S. Eliot's *Tradition and the Individual Talent*, a chapter from E. M. Forster's *Aspects of the Novel*, excerpts from Bertolt Brecht's treatises on modern theatre, Jean-Paul Sartre's *Existentialism Is Humanism*, and Allan Rodway's *The Prospect of Post-modernism*.

The journal also offers information about authors and writings in the editor's introductory notes, which, though succinct, are useful enough for the general reader.

Another asset of this magazine is its readiness to devote some space to western works of art. Thus one discovers that each issue concentrates on one of the modern or contemporary artistic movements, plus notes on techniques and styles. Among those that have been introduced are expressionist art in the landscapes and portraits of Oskar Kokoschka, surrealism and Dadaism in the drawings and sculptures of Jean Arp, fauvism in the works of Henri Matisse, and Cubism in the pictures of Fernand Leger. The drawback is that all the illustrating pictures are printed in black and white.

Finally, there is a chronicle of cultural events, furnishing information about literature, art, music, film and theatre.

In Beijing, there are two periodicals bearing the same title of *Foreign Literature*. One is a quarterly journal of translation produced by the Foreign Literature Press. The other is a monthly edited by the Beijing Foreign Studies University. Despite the identical name, the two journals contrast quite neatly. The Foreign Literature Press—controlled *Foreign Literature* has a bigger size, over two hundred and seventy pages for each issue. With this, it is capable of publishing translations of longer works: novels, novelettes as well as full–length plays. In its first number, for instance, one finds William Somerset Maugham's early novel *The Moon and Sixpence*, Friedrich Dürrenmatt's comedy *Grieche sucht Griechin* and a Soviet author's novelette depicting post–war life in the U.S.S.R. Among other selections are Joseph Conrad's *Heart of*

Darkness, Norman Mailer's *The Naked and the Dead* (excerpts), Arthur Miller's *The Crucible*, and the East German woman writer Christa Wolf's *Der geteilte Himmel* (*Divided Heaven*).

The monthly *Foreign Literature* published by Beijing Foreign Studies University, on the other hand, is noted for its interest in putting out special numbers. Indeed, in 1980 alone (the first year of its publication) it brought out six such numbers, which dealt with Contemporary English Literature, Spanish and Latin American Literature, German and Eastern European Literature, Contemporary Australian Literature, Contemporary French and Italian Literature, and Asian–African Literature, respectively. These were followed by six more in the next two years, covering Contemporary American Literature, American Literature in general, children's literature, Shakespeare, Canadian Literature, and Irish Literature.

One remarkable thing about these numbers is the effort they made in surveying the literature of a given country or countries with range and some depth. Take the Special Number on Irish Literature. It focused on writings of six authors: James Joyce, Frank O'Connor, Liam O'Flaherty, Sean O'Faolain, William Butler Yeats, and Sean O'Casey, all important in the development of Irish Literature. Their works selected varied in form and style, ranging from Joyce's *Dubliners* stories and those by the other three short fiction masters, to Yeats's "Sailing to Byzantine", "Easter, 1916", and other poems and O'Casey's drama *The Shadow of the Gunman*. The highlight was of course James Joyce. Apart from selections from his stories, the magazine carried a critical essay on his monumental work *Ulysses* as well as a translation of a chapter from Richard Ellmann's authoritative biography *James Joyce*.

The special number on Contemporary American Literature was no less impressive. Here, Maxine Hong Kingston, the American writer of Chinese descent was treated with notable emphasis. James Wright's poems were translated and discussed, as was also Edward F. Albee's play *The American Dream*. And John Cheever, Joyce Carol Oates, and Ralph Ellison were chosen to represent present–day American fiction in various modes. In addition to these, there were excerpts from Stephen Jay Gould's natural essay *Ever Since Darwin—Reflections in Natural History* and a review of the first edition of *The Norton Anthology of American Literature* (1979).

When we come to the average issues, we are offered greater variety. There, the monthly provides extensive selections from both major and minor writers. One issue of 1982, for example, had these names: John Cheever, Max Shulman, James Robinson, Ernest J. Gaines, Graciliano Ramos, José Jacinto Veiga, Wolf Wondratschek, Georges Brassens, and Anna Seghers. And in another, British novelist–critic V. S. Pritchertt's long stories "When My Girl Comes Home" and "The Camperbell Beauty" were published alongside a one–act comedy by French playwright Max Maurey and five stories by writers from Oceanic countries.

236

Apparently, the percentage of minor authors is higher. But, as there are always a couple of big name writers represented, the minor works do not really preponderate.

Nanjing publishes a quarterly journal of translation called *Yilin*, which, unlike any of the afore-mentioned periodicals, devotes much of its attention to contemporary popular writings. It publishes American best-sellers with social themes, for instance, Avery Corman's *Kramer versus Kramer*, Judith Guest's *Ordinary People*, Erich Segal's *Man, Woman and Child* and Peter Benchley's *Jaws*. It prints award-winning film scenarios and television scripts, such as Colin Welland's *Chariots of Fire*, Red Serling's *Requiem for a Heavyweight*, and Kurosava Akira's *The Shadowed Warrior*. In addition, it offers Agatha Christie's detective novels, Charlie Chaplin Junior's memoir of his comedian father, and thrillers like Robin Cook's *Sphinx*.

On the other hand, the quarterly does not confine its inclusion to popular literary works. It reserves a certain amount of space (approximately twenty per cent) for more cultivated writings. Thus, between the above-listed entertainment items, one discovers both well-known classic pieces and serious works by contemporary established authors. These include poems of Thomas Gray, Robert Burns, Percy Bysshe Shelley, John Keats, Alexander Pushkin, Emily Dickinson, Robert Frost, Carl Sandburg, and so on and stories of Mark Twain, Guy de Maupassant, Emile Zola, Rabindranath Tagore, Hermann Hesse, Morley Callaghan, Bernard Malamud, Yasunari Kawabata, and so on.

The journal also has a series of special columns, such as Book Notice, Book Reviews, Interviews, Translators' Forum, Writers on Their Craft, Letters from Foreign Authors, Biographical Notes, Literary Terminology, Chronicles of Cultural Events, and so on.

These arrangements are obviously made for the average Chinese readers—workers, soldiers, middle–school students, and perhaps also some educated young peasants. These people, mostly youngsters, read foreign literary works because they are eager to learn what is happening in other countries. They don't want too much of Dickens. He belongs to yesterday. Joyce isn't especially to their taste either. He is too hard to understand. What they need is a present–day Daniel Defoe, who can tell them a modern story of love or suffering or sacrifice with absorbing interest. The quarterly supplies them with best–sellers like *Kramer versus Kramer* and *The Shattered Land*. Such offerings may not be distinguished by the beauty of style, but they have got gripping stories and sufficient information about the contemporary world. A young reader can surely learn some practical things through the reading of them: what family life is like in America; how a resentful child copes with one–parent holidays; how a Japanese business tycoon intrigues against and crushes another; and so on so forth. No wonder the reader is fascinated. Moreover, when he had got through a long piece of popular fiction, he is often invited to read a humorous story by Mark Twain or James Thurber; or he may be encouraged to enjoy a poem by Matthew Arnold or Richard Aldington. In this way, he is not merely learning about the world, but having a mixed diet of both popular and refined literature.

In marked contrast with *Yilin Quarterly* is *Contemporary Foreign Literature*, a highly literary journal of translation edited by the Institute of Foreign Literature, Nanjing University. This latter periodical, again a quarterly, is principally known for its careful selection of twentieth-century writings and helpful introductory material based on scholarship. To give an idea of its range and taste of choice, it is only necessary to mention a few of its major inclusions: Anatole France's *Jocaste et le Chat maigre*, Hermann Hesse's *Unterm Rad*, William Faulkner's *The Sound and the Fury* (excerpts), Tennessee Williams's *The Glass Menagerie*, Allen Ginsberg's *Howl* (excerpts), Samuel Beckett's *Oh les beaux jours* (Happy Days), and so on.

Apparently, the journal's interest is focused on leading authors of a few western countries. Several of these rank among writers of a rare character, that is, writers of extreme ingenuity and technical skill. The selections may not be readily comprehensible to the general reader, but they offer extraordinary savour and satisfaction to those who can appreciate them. The magazine makes it a practice that each of its central items is accompanied by an introductory article. Noteworthy among these are an analysis of Hermann Hesse's *Unterm Rad*, a survey of the writings of the Beat Generation of America, a study of the working–class literature (Literatur der Arbeitswett) of West Germany, and a critical essay on Samuel Beckett and his major plays.

Similar to *Contemporary Foreign Literature* in spirit but specialized in the field of American Literature is *American Literature Miscellany,* a quarterly sponsored by the China Association for the Study of American Literature based in Jinan. This specialized magazine came into existence rather late, in the spring of 1981, to be exact. So far it has brought out half a dozen issues. From what we can see, two things seem to stand out. First, like all other translation journals, it sets great weight on the contemporary aspect of literature. In its first number, for example, all offerings are twentieth–century except for a few poems by Emily Dickinson. And in the current issue, there is practically nothing earlier than the work of the New England poet Robert Frost. Second, there seems to be a real effort to represent more literary types. Thus, besides the short fiction of F. Scott Fitzgerald, William Faulkner, Flannery O'Connor, James Baldwin, John Updike, and so on and the poetry of Sylvia Plath, Lawrence Ferlinghett, Philip Appleman, and so on, it carries popular American Indian ballads and workmen's folk songs, selections of science fiction from Isaac Asimov and Ray Bradbury and excerpts from such non–fictional works as Saul Bellow's *To Jerusalem and Back* and Langston Hughes's *I Wonder as I Wander.* In addition, there are critical essays of Malcolm Cowley, Susan Sontag, and so on. After a strong diet of fictional prose, these items often make pleasant reading.

Just as *American Literature Miscellany* is wholly given to American literature, there are three bimonthly journals of translation devoted exclusively to the literature of U.S.S.R. They are *Soviet Literature* edited by the Institute of Soviet Literature, Beijing Teachers University; *Contemporary Soviet Literature* edited by Beijing Foreign Studies University and *Russian–Soviet Literature* edited jointly by Wuhan University, Nankai University, and seven other institutions. Of the three, *Soviet Literature* is noted for its range of choice and balance between translation and criticism. There, one finds prerevolutionary Russian literature exemplified by Turgenev's novelette "Ode to Love," Tuetchev's poems about night, and so on and Soviet literature of different periods represented in Velesaev's masterpiece *On the Grassland*, V. Belov's story "My Life" , and so on. Moreover, there is always some criticism. The current issue, for example, features one piece on the latest development of the Soviet novel.

Contemporary Soviet Literature is distinguished by its concentration on contemporary writings, particularly those dealing with diverse aspects of present–day Soviet life. Among its many fascinating offerings are M. Sholokhov's *One Man's Destiny*, A. Andreyev's novel *Let People Pass the Judgment*, N. Dumbaze's novelette "Cockroach" and A. Volodin's film script: "Autumn's Marathon" . Besides, there are pieces from the satirist M. M. Zoshchenko, which have indeed given the readers a chance to examine for themselves the credentials of this controversial figure. The magazine also features color plates of Russian and Soviet works of art, which have helped to boost its circulation (around 30,000, not bad for a specialized periodical).

Alternately edited by nine institutions, the third periodical, *Russian–Soviet Literature* does not seem to have developed a style as consistent and as prominent as that of the other two journals. It attempts to present diversity and emphasize the contemporary at the same time. But its selections are on the whole too varied and too brief to impress a reader.

Among the rest of translation journals, there is yet one that merits mention. That is the quarterly *Guowai Wenxue or Literature Abroad* published by Peking University. When one reads that magazine, one immediately notices three things. First, it lays great stress on literary criticism. Indeed, almost half of its space is given over to critical contents. Second, it has shown a keen interest in recent theoretical developments in literary studies. There are for instance articles about the new trends in western literary criticism and the various "schools" of comparative literature. Third, there is an earnest effort to fill the gaps left by other journals. Oriental literature, for instance, is largely an overlooked area. To remedy the neglect, the journal publishes a series of survey articles introducing the literature of Eastern or Middle–Eastern countries such as Burma, Egypt, Iran, and so on as well as works illustrating them. All in all, *Literature Abroad* is a learned journal of translation and criticism, catering largely to intellectuals and academics.

There are several more magazines devoted to translations of foreign works, namely, Harbin's *Foreign Fiction*, Shenyang's *Foreign Fiction*

Journal, Tianjin's *Wenhua Yicong (Foreign Culture in Translation)*, Shanghai's *Waiguo Wenxue Baodao (Foreign Literature Report)*, Guangzhou's *Yihua and World Literature and Art*, and so on. While having different merits and styles, these periodicals, edited by local higher–learning institutions or publishing houses, can roughly be classified with one or other of the previously–discussed magazines.

To sum up, there has been since 1979 a proliferation of translation journals devoted to foreign literature. Their combined coverage is wide, giving their readers access to most major, and some less well–known, literatures of the world. In view of the ten–year break during the "cultural revolution", when the country shut its doors to all literature from abroad, this is a welcome change. In an effort to make up for lost time and to keep abreast of the latest trends, the journals show an understandable zest in printing whatever comes their way, so that there is a veritable simultaneous existence of all literatures past and present. But this also reveals a lack of discrimination on the part of their editors. Classical literature is not adequately covered. Of the "moderns", old stand–bys like Maugham rub shoulders with New Yorker writers like Updike. Many of the "trends" discussed are the vogues of yesterday. Still, this is unavoidable in the initial stage of China's re–entry into the field of cultural exchange, and one wonders if any country in the West can boast a similar array of journals introducing a wide spectrum of Chinese or Oriental writings. There are signs that Chinese readers are beginning to let their displeasure be known: a few of the less choosey journals have folded up and several are seeing their circulation falling. But there are about half a dozen journals still thriving and if they can benefit more from the wisdom of the specialists and the good sense of their readers, they will render the country—and so also the world—better service in the days to come.

List of Periodicals Covered

American Literature Miscellany (Quarterly)《美国文学丛刊》, Shandong People's Publishing House, Jinan.

Contemporary Foreign Literature (Quarterly)《当代外国文学》, The Institute of Foreign Literature, Nanjing University, Nanjing.

Contemporary Soviet Literature (Bimonthly)《当代苏联文学》, The Foreign Language Teaching and Research Press, Beijing.

Foreign Literature (Monthly)《外国文学》, The Foreign Language Teaching and Research Press, Beijing.

Foreign Literature (Quarterly)《外国文学季刊》, Foreign Literature Press, Beijing.

Foreign Literature and Art (Bimonthly)《外国文艺》, Shanghai Translation Publishing House, Shanghai.

Literature Abroad (Quarterly)《国外文学》, Peking University Press, Beijing.

Russian–Soviet Literature (Bimonthly)《俄苏文学》, The Russian and Soviet Literature Editorial Board, Wuhan.

Soviet Literature (Bimonthly)《苏联文学》, China Social Science Press, Beijing.

World Literature (Bimonthly)《世界文学》, China Social Science Press, Beijing.

原刊于《文苑》1987 年第 1 期

附　　录

中国译者们的辛勤努力表明：诗是可译的，把一个国家的诗歌比较系统地介绍给另一个国家的读者也是可能的。

——王佐良《英国诗选·序》

1

托马斯·哈代诗十首

一次失约

你没有来，
而时光却沙沙地流去，使我发呆。
倒不是惋惜失掉了相见的甜蜜，
是因为我由此看出你的天性
缺乏那种最高的怜悯——尽管不乐意，
出于纯粹的仁慈也能成全别人，
当指盼的钟点敲过，你没有来，
我感到悲哀。

你并不爱我，

而只有爱情才能使你忠诚于我；
——我明白，早就明白。但何不费一两小时
在除名义外全然圣洁的人类行为上
不增添一件好事：
你，作为一个女人，曾一度抚慰
一个为时光折磨的男人，即便说
你并不爱我。

一次旅程后

我到此来看一个不作声的阴魂，
它的奇想啊要把我，要把我引向何方？
上悬崖，下陡坡，直到我茫然孤身一人，
无形的泉水在喷涌，使我恐惧心慌。
不知道你接着又将在哪里出现，
缠住我往返流连，
你栗色的发，灰色的眼，
还有玫瑰色的红晕时隐时显。

啊，我终于回到了你昔日常游的地方，
跟随你跨过岁月，跨过消逝的景色；
朝你把我抛下的黑渊细望，
你想要对我们的过去说些什么？
夏日给了我们芳香，秋天又带来离别？
还是我俩的晚年

不如初期那么美满？
任凭"时光"嘲弄，一切都已了结！

我明白你想干什么：是要把我引往
我俩在此逗留时熟知的地方——
在那晴朗的天气，美好的时光，
披着云雾彩虹的瀑布旁，
还有底下那个山洞，传来音响依旧瓮隆，
仿佛四十年前一个声音在唤我；
那时你生气勃勃，
可不是我如今蹒跚追逐的影踪。

晨鸟舔着羽毛，海豹开始懒懒地扑跳，
什么在此飘忽，它们岂会知道；
亲爱的，你马上就要从我身边融消，
因繁星已关天窗，天色也已破晓，
相信我吧，尽管人生灰暗，我却不在乎
你把我引来，哦，愿把我再引到这地方！
我还是跟那个时候一样：
我们的生活欢乐，鲜花铺满了道路。

不见自己

这就是当年的地板，
磨得又光又薄还有坑，

这里当初有个门扇，
死者进来留下了足痕。

她就坐在这边椅子上，
望着炉火盈盈地微笑；
他奏着琴儿站在一旁，
琴弓越拉调儿越高。

我如稚儿在梦中舞蹈，
喜悦给那天披上了盛装，
一切都闪烁着光耀，
而我们却移开了目光！

写在"万国破裂"时 ①

一

只有一个人跟在一匹
垂头踉跄的老马后
缓缓地、默默地在耙地，
他们在半眠中走。

① 此首诗作于第一次世界大战初期。"万国破裂"的意象取自《圣经·旧约·耶利米书》第 15 章第 20 节 "你是我的战斧，我要用你把万国砸得粉碎"。

二

只有几缕没有火光的烟
从一堆堆茅根袅起；
王朝一代代往下传
这却延续不变易。

三

远处一个少女跟她侣伴
说着话悄悄走近；
未及他们的故事失传，
战史便在夜空消隐。

In Time of "The Breaking of Nations"

I

Only a man harrowing clods
In a slow silent walk
With an old horse that stumbles and nods
Half asleep as they stalk.

II

Only thin smoke without flame
From the heaps of couch-grass;

Yet this will go onward the same

Though Dynasties pass.

Ⅲ

Yonder a maid and her wight

Come whispering by；

War's annals will fade into night

Ere their story die.

在阴郁中（一）

"我的心被伤，如草枯干"

——《圣经·旧约·诗篇》第一百零一篇 [①]

冬日将至；

但它不能再带回

我的丧情之悲

谁能死两次？

花自飘落；

却有芳菲时，

此番凋零景致

岂能再愁我。

[①]　哈代引文出自圣·杰罗姆所译拉丁文圣经《诗篇》第一百零一篇；在英文圣经
（Authorized Version）中此行则在《诗篇》第一百零二篇。

鸟受惊而厥；
一片寂寥霜夜里，
我已无精力，
壮心早枯竭！

树叶冻作土，
友情岁岁冬日冷
今年不再逢，
友朋皆已故。

暴风雨可畏；
情爱今年却不能
将他的心刺疼，
他的心已碎。

黑乃夜之幕；
但对疑惧皆尽、
无所指望的人，
死也不可怖。

呼唤声 ①

我深深怀恋的女人，你那样地把我呼唤，

---

① 1912 年哈代夫人故世，哈代为悼念她凭吊了他们婚前同游过的一些地方，写下一组
悼亡诗，辑为《1912–1913 年诗集》。《呼唤声》、《一次旅程后》、《在勃特雷尔城
堡》均选自这个诗集。

把我呼唤，说你如今已不像从前——
一度变了，不再是我心中的光灿
——却像开初，我们的生活美好时一般。

莫非那真是你的呼声？那就让我瞧瞧你，
就像那时我走近小镇，你站在那里
等候我，是啊，就像那时我熟知的你，
甚至连你那身别致的天蓝裙衣！

难道那不过是懒倦的微风
飘过湿润的草地吹到了我身边，
而你已化作无声无息的阴影，
无论远近，再也听不见？

于是我，踉跄向前，
四周树叶儿飘散，
北风稀稀透过棘丛间，
犹闻那女人在呼唤。

The Voice

Woman much missed, how you call to me, call to me,
Saying that now you are not as you were
When you had changed from the one who was all to me,

But as at first, when our day was fair.

Can it be you that I hear? Let me view you, then,
Standing as when I drew near to the town
Where you would wait for me: yes, as I knew you then,
Even to the original air-blue gown!

Or is it only the breeze, in its listlessness
Travelling across the wet mead to me here,
You being ever dissolved to wan wistlessness,
Heard no more again far or near?

Thus I; faltering forward,
Leaves around me falling,
Wind oozing thin through the thorn from norward,
And the woman calling.

挡住那月光 ①

关上窗户，拉下窗帘，
挡住那悄悄洒来的月光，
她那姿色太像她从前——
在我们的琴儿还没积上

_____

① 此首诗作于 1904 年，当时哈代已年逾六旬，据说同夫人的感情已不甚好，常追忆往昔而感慨万分。

多年尘土，石碑犹未刻上
我们念到的名字那时光。

别踩上那露沾的草坪
去观望仙后星座，
浩茫的猎户座闪烁的图形，
或小熊座与大熊座。
闭户不出吧，那番胜景
凋零者娇丽时我们神往过。

别拂动树梢，叫午夜的香气
弥漫四周，缠绵不逸，
唤醒当年它吹给我和你的
同样甜蜜的情意，
那时节生活好比笑声，爱呀，
同人们所说的无异。

这灯光照明的普通房间
锁住了我的视线与思路；
让杂物在朦胧中隐现，
敷衍的话语从口中编出；
人生初开的花呀，太香甜，
它结出的果子啊，太苦！

在勃特雷尔城堡 ①

当我驰近夹道与大路的交接处，
蒙蒙细雨渗透了马车车厢，
我回头看那渐渐隐去的小路，
在这会儿湿得闪闪发亮的坡上，
却清晰地看见

我自己和一个少女的身影
隐现在干燥的三月天的夜色间。
我们跟着马车在这山道上攀行。
见壮健的小马喘着气步履艰，
我们跳下车减轻它的负担。

我们一路说过的话，做过的事，
无关紧要，只是后来的情景却难忘却——
人生绝不让它轻易消失，
除非到了希望破灭，
感情枯竭。

那只延续了一刻。可在苍山的阅历中
此前此后，可曾有过

---

① 勃特雷尔城堡真名为勃斯堡（Boscastle），在英格兰西南部康沃尔郡（Cornwall）东北角。1870年哈代与埃玛（1874年与哈代结为夫妻）同游时是个小渔港，现已成为旅游胜地。勃特雷尔城堡是哈代杜撰的名字，那里实际并无城堡。

如此纯真的时刻？在一人的心中，
纵使千万双捷足攀过这个斜坡，
也未偿有过。

亘古的巉岩构成了山路的屏障，
它们在此目睹人间长河
古往今来无数瞬间时光；
但是它们用颜色与形态记下的
却是——我俩曾为过路客。

在我的心目中，刻板严峻的"时光"，
虽在冷漠的运行中勾销了那个形体，
一个幽灵却依然留在这斜坡上，
恰如那一个夜里，
看见我们在一起。

我凝眸见它在那里，渐渐消隐，
连忙回头透过细雨
瞧它最后一眼；因为我的生命快尽，
我不会再去
旧情之域。

游访归来
（致 F. E. D.）①

回到你那天

仿佛一片绿叶飘过

旱道的地方来，旱道的陡坡

遮暗了朝山者红润的脸。

回来啊，步履

轻如蓟花落于青草地，

向一切致以这种缄默的敬礼

胜于甜蜜的言语。

道旁繁花的香味

此刻已不知不觉地逸散，

云色随天日时时变幻，

我却未留意那妩媚。

通过幽暗的山径

你的脚步悄然无声，我不能分辨

那是你的身形，还是很久以前

相传穿过古楼的精灵，

---

① 指哈代的秘书弗洛伦斯·爱米丽·达格黛尔，1912 年哈代夫人去世后与哈代结婚，以后协助哈代作传。1910 年她陪同哈代访问了他的故居麦克斯盖，此诗即作于那次游访后。

直到你走出阴暗，

我看见那双清亮、灵活的大眼，

仿佛一个沉郁的灵魂的眼，

在疑惑地盯住我看，

朦朦胧胧中，

"人生"是什么这永恒的问题，

我们为何在此，凭谁的奇妙天理，

最要紧的事反而做不成。

身后 [1]

当我不安度过一生后，"今世"把门一锁，

    五月又像新丝织成的纤巧的翅膀，

摆动起欢快的绿叶，邻居们会不会说，

    "他这个人素来留意这样的景象"？

若是在黄昏，如眼睑无声地一眨那样，

    暮天的苍鹰掠过高地的阴影

落在叫风吹斜的荆棘上，注视者会想：

    "这准保是他熟悉的情景。"

    我若死于一个飞蛾连翩、温暖漆黑的夜里，

---

[1] 此首诗作于1917年，是哈代晚年的名作，相当于他给自己写的一个墓志铭。

当刺渭偷偷摸摸地穿过草地时，
有人会说，"他为保护这些小生命出过力，
　　但没做成什么；如今他已去世。"

人们传闻我终于安息的消息后，
　　若倚门仰望冬夜布满星斗的天际，
愿从此见不到我的人心中浮现这样的念头：
　　"他这个人可洞悉那里的奥秘。"

当丧钟开始为我哀鸣，一阵轻风吹过，
　　哀音随之一顿，旋即继续轰鸣，
仿佛新的钟声又起，可有人会说：
　　"他听不见了，过去对这却总留心"？

Afterwards

When the Present has latched its postern behind my tremulous stay,
　　And the May month flaps its glad green leaves like wings,
Delicate-filmed as new-spun silk, will the neighbours say,
　　"He was a man who used to notice such things"?

If it be in the dusk when, like an eyelid's soundless blink,
　　The dewfall-hawk comes crossing the shades to alight
Upon the wind-warped upland thorn, a gazer may think,
　　"To him this must have been a familiar sight."

If I pass during some nocturnal blackness, mothy and warm,

　　When the hedgehog travels furtively over the lawn,

One may say, "He strove that such innocent creatures should come
　　　to no harm,

　　But he could do little for them; and now he is gone."

If, when hearing that I have been stilled at last, they stand at the door,

　　Watching the full-starred heavens that winter sees

Will this thought rise on those who will meet my face no more,

　　"He was one who had an eye for such mysteries"?

And will any say when my bell of quittance is heard in the gloom

　　And a crossing breeze cuts a pause in its outrollings,

Till they rise again, as they were a new bell's boom,

　　"He hears it not now, but used to notice such things?"

原刊于《外国文学》1986 年第 2 期；

转载于王佐良《英国诗选》，上海译文出版社，1988 年；

其中《呼唤声》、《写在"万国破裂时"》、《身后》再次转载

于王佐良《英诗的境界》，三联书店，1991 年

2

庞德早期诗八首

树

我屹立不动，是林中一株树，

相信未见的种种传说：

相信达佛涅与月桂枝，①

相信款待天神的老夫妇

变成了林中的榆树与栎树。②

若不是老夫妇热情接待了

天神，并把他们引入

自己心头的暖炉，

---

① Daphne：希腊神话中的山林水泽仙女。为逃避太阳神阿波罗的追求，她变成了一株月桂树。阿波罗无奈将其枝叶编成了花冠。

② 根据希腊神话，鲍西斯（Baucis）与菲利孟（Philemon）热情接待了主神宙斯和赫尔墨斯神，宙斯和赫尔墨斯神为报答这对老夫妇，按其意愿把他们化作枝叶缠绕在一起的两株大树。

这样的奇迹天神岂会造出。

我无疑是林中的一株树，

原来觉得荒诞的事，

如今却心领神悟。

1908 年

白鹿 ①

我在荒野云间瞥见它们。

看啊，当白鹿穿过树障，

当白风吹过晨光，

它们猝然一顿，既非为爱也非为忧，

眼神却似少女瞅见了情人。

"我们是在追猎名声这头白鹿，

把全世界的猎犬唤来角逐！"

1909 年

回归 ②

看啊，他们归来了，

看那试探的神态

和那缓慢的动作，

---

① 庞德早年追随爱尔兰诗人叶芝，深受其象征主义诗歌的影响。此诗的意象、诗体均可与叶芝 "Who Goes with Fergus"，"The Stolen Child"，"The Madness of King Goll" 等佳作相比。"白鹿"在庞德早年的一部诗集中刊出后即赢得叶芝赞赏，23 岁的庞德于是获得了名声。

② 叶芝对此诗有高度评价。他称此诗乃"自由体诗中最优美的一首，我很少见到一首诗具有这样固有的诗韵"。

步履艰难，迟疑不决！

看啊，他们归来了，
一个接一个，惊恐地，似醒非醒；
雪花仿佛也迟疑了，
在风中簌簌响，
欲下不下；
他们是当年"敬畏的飞神，"①
神圣不可侵犯，

一群御风而行的神！
牵着银色的猎犬，
在空中边嗅边进！

嗨！嗨！
他们是当年神速的攻击手！
他们嗅觉敏锐，
是血的精灵。

如今牵着猎犬，
脸色苍白，行动迟缓。

1912 年

---

① "Wing'd-with-Awe"：此处庞德模仿古希腊诗人荷马常用的构词法。可见《回归》
犹暗指古老文化传统的复苏。

密尔温

小密尔温们来观看俄罗斯芭蕾舞剧。[①]
他们暗红色、浅绿色[②]的灵魂。
像好些没围过的染色羽毛围巾
摊在后排的座位上。

坐在他们前面的是
一群喧闹、散慢的画院学生,
斯莱德正统的代表。[③]

画院学生双臂交叉成
卓绝的未来派"X"形,
陶醉在"克列巴特"的显赫中[④]

小密尔温们也观望着这一切;
他们瞪大了贫血症的眼睛,看着这场景。

让我们记下这一实况,
因为它对我们似有记载价值。

1913 年

---

① 指对现代主义文学艺术抱冷漠态度的遗少。达基列夫先锋派的芭蕾舞团,集中了斯
　特拉文斯基(Stravinsky),巴甫洛娃(Pavlova),尼金斯基(Nijinsky),毕加索的艺
　术精华,1911 年曾在英国伦敦演出,毁誉不一。
② 现代派美术家视为枯槁、虚弱的色彩。
③ Slade:伦敦斯莱德美术学院
④ 独幕芭蕾舞剧,由俄罗斯芭蕾舞团于 1909 年首次搬上舞台。

在地铁车站 [1]

人群中一张张脸的幻影，

黑枝上一片片湿的花瓣。

1913 年

一位女士的画像

你和你的心胸是我们的沙盖索湾， [2]

伦敦围着你转了二十年，

华丽的船只给你留下这种或那种赏金：

理念、流言及其他种种剩货，

知识的异晶石与暗淡的珍藏。

奇才们没有别人便把你来追求。

你总次人一等。凄惨不凄惨？

不。你宁次于人也不愿落俗，

跟一个无聊的男人，叫你无聊，见你怕三分，

一个寻常人，见识一年比一年少。

你啊，真能忍耐，我见过你端坐

---

① 意象派代表作。庞德曾详细记述此诗的创作过程："三年前在巴黎，我从协和广场地铁车站出来，突然看见一张漂亮的脸，接着又是一两张漂亮的脸，接着又瞅见一张漂亮的小孩的脸，接着又是一张漂亮的女人的脸。那天，我一直想找词儿把这意味表出来，可就是我找不出恰当的词儿，足以把当时的情感表现出来，找不出与那突如其来的情感一样美好的词儿。那天晚上，我顺着雷诺德路走回家，一路还在苦思冥想，突然间，我找到了表达法。我并不是说我找到了词儿，而是说我找到了对应物……不是语言，而是斑斑点点的色彩。就是那样，一种'模式'，或许还不能叫模式，因为模式意味着'重复'。而这对我来说却是色彩语言的起始，色彩语言的词儿。"引自庞德《戈蒂耶 – 布尔泽斯卡回忆录》，纽约：新方向出版社，1978年，第87页。

② Sargassa Sea（沙盖索湾）在北大西洋，湾内海藻丛生，水流迟缓。据说不少船只曾被陷住。庞德借此形象比喻伦敦文艺沙龙一个丧失一切自主的女人的遭遇。

几个钟头，不管不顾周围发生了什么。
如今你付出代价，啊，高昂的代价。
你是个有用的人，找你的人
获取了不寻常的利益：
打捞起来的战利品、奇妙的主意、
不会有结果的证据及一两则传闻，
传闻里孕育着曼德拉草，或其他
能证实而未证实其用途的玩意，
它配不上任何角落，显不出任何功用，
也不能在朦胧中找到自己的时辰：
暗淡，花哨，杰出的旧作，
偶像、龙涎香及珍贵的镶嵌装饰。
这些便是你的财富，你巨大的收藏，
但尽管海湾里积聚了这么些不经久的奇珍，
泡透水的异木与更富丽的鲜货，
在这光度不同、深度不同的迟水浮藻中，
任何东西也没有！整个这一切
没有一件真正是你的。
然而这就是你。

1912 年

和约

你我和解吧，沃尔特·惠特曼——
我嫌恶你已经很久。

刚知道你时我还是个孩子，

有个固执的父亲；

如今长大了，可以交友。

是你劈开了新木，

现在该着手雕琢。

我们本是同汁同根——

让我们多多沟通。

1913 年

战争来临：阿克泰翁 ①

忘河的幻象 ②

旷野

一片朦胧，

灰色的悬崖

披着金光，

悬崖下

一片大海

气势比山岩更峻，

奔腾向前，不停息，

高耸的峻岩

---

① 此诗作于第一次世界大战爆发初期，当时庞德对战争抱有英雄主义的幻想。但冷酷的战争不久即使他的幻想破灭。在《休·塞尔温·莫伯利》（"Hugh Selwyn Mauberley"）等名篇中他便以锋利的笔触嘲讽这场战争。Actaeon：希腊神话中的青年猎手，无意中看到月亮狩猎女神黛安娜沐浴而被变形为公鹿，让自己的猎犬撕成碎块。

② Lethe：冥河。根据希罗神话，人亡后饮其水便忘却生前一切。

呈现众神的姿态，

险恶的格局；

其一说：

"此乃阿克泰翁"。

披金甲的阿克泰翁！

驰过平坦的草地，

越过旷野的冷壳，

一群群古代人，

默默无声的队列，

奔腾向前，不停息。

1915 年

原刊于《外国文学》1990 年第 1 期

钱兆明主要学术著作

专著与编著

1.《紫竹：英汉对照读物》（第二编者；第一编者张中载），北京：外语教学与研究出版社，1987。

2.《二十世纪英美短篇小说选》，北京：外语教学与研究出版社，1987。

3.《莎士比亚注释丛书9：十四行诗集》，北京：商务印书馆，1991；1995年第2次印刷；1998年第3次印刷。

4. *Orientalism and Modernism: The Legacy of China in Pound and Williams*. Durham: Duke University Press, 1995（耶鲁大学拜纳基基金项目成果）.

Reviewed by Jacqueline Kaye, *Journal of American Studies* 30.2 (August 1996): 324–325; Massimo Bacigalupo, *Modern Language Review*

93.3 (October 1998) : 812–814.

5. *Ezra Pound and China*, edited with a critical introduction. Ann Arbor: University of Michigan Press, 2003.

Reviewed by J.Whalen–Bridge, *Choice* 41.6 (February 2004): 1078; Steven G.Yao, *Journal of Asian Studies* 63.3 (August 2004): 78–79; Robert Kern, *Modernism/Modernity* 12.1 (January 2005): 94–96; Eiichi Hishikawa, *Studies in English Literature* (English Literature Society of Japan) 46 (2005): 283–284; Ian Bell, *Modern Language Review* 100.3 (October 2005): 1104–1105; Guiyou Huang, *Paideuma* 34.1 (2005): 157–163; Zhang Jian, *Foreign Literatue Abroad* 4 (December 2007): 59–65.

6. *The Modernist Response to Chinese Art: Pound, Moore, Steven*. Charlottesville: University of Virginia Press, 2003（美国国家人文基金项目成果）.

Reviewed by Sarah Riggs, *Wallace Stevens Journal* 27.2 (Fall 2003): 265–267; P. J. Ferlazzo, *Choice* 41.2 (October 2003): 341; Seung–Hyeok Kweon, *Journal of British and American Modern Poetry* 10.1 (Spring 2004): 209–214; Feng Lan, *Twentieth Century Literature* (Winter 2004): 436–439; Lidan Lin, *Modernism/Modernity* 12.1 (January 2005): 96–98; Eugene Eoyang, *Comparative Literature Studies* 45.1 (2008): 115–118.

7.《莎士比亚注释丛书 32: 长短诗集》, 北京：商务印书馆, 2008。

8. *Ezra Pound's Chinese Friends: Stories in Letters*. Oxford: Oxford

University Press, 2008（美国哲学家学会基金项目成果）.

Reviewed by Andrew Johnson, *The Independent* 3 February 2008; Francesco Borgonovo, *Libero* 21 February 2008; Nick Selby, *Times Higher Education* 5 June 2008; Jordan Davis, *Times Literary Supplement* 25 August 2008; Zheng Peikai, *Ming Bao* (Hong Kong) 30 August 2008; Ian Bell, *Modern Language Review* 104.1(January 2009): 188–190; David Barnes, *Textual Practice* (June 2009): 520–523; Ann Hoff, *Journal of Modern Literature* 33.2 (2010): 157–159.

9. *Modernism and the Orient*. New Orleans: University of New Orleans Press, 2013.

Reviewed by Anne Witchard, *The Journal of Asian Studies,* 28 November 2013: 963–965;

John Williams, *Twentieth-CenturyLiterature* 59.3, 2013: 513–519; Li Shuangyi, *The Modern Language Review* 109.2, 2014: 489–491.

10.《中华才俊与庞德》，北京：中央编译出版社，2015(国家社科基金后期资助项目成果；欧荣、管南异、陈礼珍、叶蕾协助完成）。

11. *Ezra Pound's Cathay: Centennial Edition*, edited with a critical introduction, transcripts of Fenollosa's notes, and Chinese originals. New York: New Directions, 2015.

12. *East-West Exchange and Late Modernism: Williams, Moore, Pound*. Charlottesville: University of Virginia Press, 2017.

Reviewed by Kent Su, *Make It New*4.3 (2017): 102–106.

中译英文专著

1.《"东方主义"与现代主义：庞德和威廉斯诗歌中的华夏遗产》，徐长生、王凤元译，欧荣编校，杭州：浙江大学出版社，2016。

2.《中国美术与现代主义：庞德、摩尔、史蒂文斯》，徐长生、裘禾敏译，欧荣编校，杭州：浙江大学出版社，2018。

论文

1.《<汉语语法分析问题>评介》，《中学语文教学》，1980（9）：36–39（获北外优秀论文奖）。

2.《训练阅读速度的几种方法》，《外语教学与研究》，1980（4）：43–45。

3.《国外英语阅读教育》，《外国教育动态》，1981（2）：10–15。

4.《环境和语义》，《外语教学与研究》，1981（1）：53–63。

5.《如何区别助动词和情态动词》，《中小学外语教学》，1981（4）：22–24。

6.《评介<语法学习讲话>》，《中国语文》，1981（6）：475–477。

7.《评莎氏商籁诗的两个译本》，《外国文学》，1981（7）：92–95。

8.《评介 H. G. Widdowson 的两本书》（胡曰健第二作者），《外语教学与研究》，1981（4）：69–74。

9.《介绍一本英英词典》,《甘肃教育》, 1982（5）: 41-44。

10.《普列契特的短篇小说和他的风格》,《外国文学》, 1982（11）: 55-58。

11.《读戚译莎氏十四行诗》,《外国文学》, 1982（12）: 53-56。

12.《试析威廉斯的五首诗》,《美国文学丛刊》, 1983（4）: 61-65。

13.《评布思新编 < 莎士比亚十四行诗 >》,《外语教学与研究》, 1983（3）: 66-71; 全文转载《莎士比亚研究》, 1984（2）: 181-192。

14.《英美作为外国语的英语阅读教学》,《外国语》, 1984（1）: 19-23。

15.《用语义学的原理分析现代汉语》, 张志公主编《语文论丛》, 1985（2）: 213-222。

16.《新发现的一首莎士比亚抒情诗——评盖里·泰勒的考证》,《外语教学与研究》, 1986（2）: 40-44。

17.《莎士比亚十四行诗》,《外国文学》, 1986（6）: 79-81。

18. "China's New Interest in Foreign Literature: A Survey of Translation Periodicals,"《文苑》, 1987（1）: 29-35。

19.《在 Tulane 的第一学期》,《外语教学与研究》, 1987（2）: 75-76。

20. "Translation or Invention: Three *Cathay* Poems Reconsidered", *Paideuma* 19.1 & 2, 1990: 51-75（获杜伦大学理查德·佩娄·亚当斯最佳博士生论文奖）。

21. "Williams' Dialogue with Po Chu–i, 1918–1921, " *William Carlos Williams Review* 17.1, 1991: 1–19.

22. "Ezra Pound's Encounter with Wang Wei: Toward the 'Ideogrammic Method' of the Cantos, " *Twentieth Century Literature* 39.3, 1993: 266–282.

23. "Works from the Library of William Carlos Williams at Fairleigh Dickinson University, " *William Carlos Williams Review* 21.1, 1995: 53–67.

24. "Chinese Landscape Painting in Stevens' 'Six Significant Landscapes, '" *The Wallace Stevens Journal* 21.2, 1997: 123–142.

25. "Pound and Chinese Art in the 'British Museum Era, '" in Helen M. Dennis ed. *Ezra Pound and Poetic Influence*, Amsterdam: Rodopi, 2000: 100–112.

26. "Late Stevens, Nothingness, and the Orient, " *The Wallace Stevens Journal* 25.2, 2001: 164–172.

27. "Pound's 1935 Revisit to the Fenollosa Papers for an Edition of Professor Mori's Lectures on the History of Chinese Poetry, " *Paideuma* 31.1, 2 & 3, 2002: 293–309.

28. "Painting into Poetry: Pound's Seven Lakes Canto, " in Zhaoming Qian ed. *Ezra Pound and China*, Ann Arbor: University of Michigan Press, 2003: 72–96.

29. "Marianne Moore and *The Tao of Painting*, " *Paideuma: Studies in American and British Modernist Poetry* 32.1, 2 & 3, 2003: 245–264.

30. "Ezra Pound and Fengchi Yang as Political Opponents and Literary Collaborators, " *Letterature d'America* (Roma) 22.93–94, 2004: 95–112.

31. "*Cathay,* " in Demetres P.Tryphonopoulos and Stephen Adams ed.*The Ezra Pound Encyclopedia,* Westport, Conn.: Greenwood, 2005: 53–54.

32. "Ezra Pound and His First Chinese Contact: For and Against Confucianism, " *Paideuma: Studies in American and British Modernist Poetry* 35.1 & 2: 2006: 157–177.

33. "Pao–hsien Fang and the Naxi Rites in Ezra Pound's Cantos," in Viorica Patea and Paul Scott Derrick ed. *Modernism Revisited: Transgressing Boundaries and Strategies of Renewal in American Poetry,* Amsterdam: Rodopi, 2007: 73–90.

34. "Against Anti–Confucianism: Ezra Pound's Encounter/Collision with a Chinese Modernist, " in Sabine Sielke and Christian Klöckner ed. *Orient and Orientalisms in US–American Poetry and Poetics,* Frankfurt: Peter Lang, 2009: 127–144.

35.《威廉斯的诗体探索与他的中国情结》,《外国文学》2010（5）：57-66；全文转载人大复印资料中心《外国文学研究》，2010年（5）：42-49；全文转载高奋主编《现代主义与东方文化》，杭州：浙江大学出版社，2012：72-86。

36. "US Literature as World Literature"（《美国文学的世界性因素》),《英美文学研究论丛》，2010年第1期（第12辑），第169-180页。

37.《摩尔诗歌与中国美学思想之渊源》（第二作者卢巧丹），《外国文学研究》，2010（3）：10–17。

38. "The Orient," in Ira B.Nadel ed. *Ezra Pound in Context*, Cambridge：Cambridge University Press，2010：335–344.

39. "William Carlos Williams, David Wang, and the Dynamics of East/West Collaboration." *Modern Philology* 108.2，2010：304–321.

40.《施美美的〈绘画之道〉与摩尔诗歌新突破》（第二作者卢巧丹），《外国文学评论》，2011（3）：216–224；全文转载人大复印资料中心《外国文学研究》，2012（12）：22–26。

41.《逆向而行：庞德与宋发祥的邂逅和撞击》（第二作者管南异），《外国文学》，2011（6）：122–131；全文转载人大复印资料中心《外国文学研究》，2012（4）：69–76；全文摘录《新华文摘》2012（5）：163–164。

42.《＜七湖诗章＞：庞德与曾宝荪的合作奇缘》（第二作者欧荣），《中国比较文学》，2012（1）：89–101。

43.《华莱士·斯蒂文斯的理想心境与中国古典画》（第二作者；第一作者高奋），《英美文学研究论丛》，2012 年第 1 期（第 16 辑），第 202–213 页。

44.《艺术转换再创作批评：解析史蒂文斯的跨艺术诗＜六帧有趣的风景＞其一》，《外国文学研究》，2012（3）：104–110。

45. "Mai-mai Sze, the Tao, and Moore's Late Poetry," in Zhaoming Qian ed. *Modernism and the Orient*, New Orleans: University of New Orleans Press, 2012: 214–231.

46.《< 推销员之死 > 在北京：米勒和英若诚的天作之合》（第二作者欧荣），《杭州师范大学学报》，2013（1）：88–93。

47.《"道"为西用：摩尔和施美美的合作尝试》（第二作者卢巧丹），《英美文学研究论丛》，2013 年第 1 期（第 18 辑），第 198–210 页；全文转载人大复印资料中心《外国文学研究》，2013（9）：69–74。

48.《庞德纳西诗章的渊源和内涵》（第二作者叶蕾），《中国比较文学》，2013（3）：83–95。

49. "Mai–mai Sze, the Tao and Moore's Late Poetry, " *Paideuma: Modern and Contemporary Poetry and Poetics* 40, 2013: 349–368.

50. "*Death of a Salesman* in BeijingRevisited"（second author; Ou Rong first author), *The Arthur Miller Journal* 8.2, 2013: 57–76.

51.《兼听则明：庞德和杨凤歧的儒学政治化争论与情谊》（第二作者陈礼珍），《杭州师范大学学报》，2014（1）：101–107；全文转载人大复印资料中心《外国文学研究》，2014（5）：80–87。

52.《蒋洪新 < 庞德研究 > 序言》，上海：上海外语教育出版社，2014：1–7。

53.《< 马典 > 无燊：庞德与江南才子王燊甫的合作探源》（第二作者欧荣），《外国文学研究》，2014（2）：48–56（获浙江省第三届外国文学优秀论文特别荣誉奖）。

54.《< 管子 > "西游记"——赵自强和庞德 < 诗章 > 中的 < 管子 >》（第二作者管南异），《中国比较文学》，2014（2）：

114-126；全文转载人大复印资料中心《外国文学研究》，2017（1）：63-70。

55. "The World of the Na-khi," *Make It New* 2, 2014: 33- 37.

56.《从回归非人格化"立体短诗"看威廉斯的唐诗缘源》，《外国文学》，2014（3）：34-43；全文转载人大复印资料中心《外国文学研究》，2014（10）：24-31。

57.《方志彤—< 钻石机诗章 > 背后的中国学者》（第二作者欧荣），《英美文学研究论丛》，2014 年第 2 期（第 21 辑），第 322-334 页。

58.《史蒂文斯早期诗歌中的禅宗意识》，《外国文学评论》，2015（1）：58-70。

59.《缘起缘落——方志彤与庞德后期儒家经典翻译考》（第二作者欧荣），《浙江大学学报》，2015（3）：124-132。

60.《还儒归孔——张君劢和庞德的分歧与暗合》（第二作者陈礼珍），《中国比较文学》，2015（3）：152-166。

61.《莫奈有东方韵味的 < 睡莲 >》，《文化艺术研究》，2016（4）：148-154。

62. "Why Is Canto XLIX Called the 'Seven Lakes Canto'"? *Paideuma: Modern and Contemporary Poetry and Poetics* 43, 2016: 167-174.

63. "Miller, BPAT, and the Dynamics of East-West Collaboration," *The Arthur Miller Journal* 12. 1, 2017: 33-41.

64.《庞德 < 第 49 诗章 > 背后的"相关文化圈内人"》，《外国文学评论》，2017（1）：91-102。

65. "Ezra Pound's China: Teaching 'The River-merchant's Wife' and Canto 49, " Ira B. Nadel and Demetres P. Tryphonopoulos ed. *Approaches to Teaching Ezra Pound.* New York: MLA Press, 2018.

66.《创新表现主义与超现实主义戏剧——以米勒与北京人艺合作的 < 推销员之死 > 为例》,《文化艺术研究》, 2018 年第二期, 第 64–70 页发表。

后记

　　《若谷编》要付印了。这本论文集是献给我已故恩师王佐良教授和许国璋教授的，也是献给在外语领域打拼的中青年教师、学者的。青年强，则国家强。愿与我相识和不相识的 70 后、80 后、90 后读者喜欢我这本书，并能通过阅读感受到王、许二师当年对我这一辈学者的教导。

　　我于 1962 年考入北京外国语学院（后为北京外国语大学），说是 1967 届却因"文化大革命"延误到 1968 年才毕业分配。我的第一份工作是在甘肃武都四中教英文，一干就是十年。1978年，我考回北外读研，读研期间在清华大学兼课，读研后留校当讲师，教英语精读与翻译、编《外语教学与研究》等校刊。1986年，我赴美读博士学位，读博期间在杜伦大学兼课，教阅读与写作（English 101，English 102）。1991 年，我获得博士学位后即被美国新奥尔良大学聘为英美文学助理教授。此后 21 年，每四五年经考核晋升一次，从助理教授升至终身副教授、教授、英美文学"首席教授"、校级首席教授（Chancellor's Professor）。

2007年，斯坦福大学玛乔瑞·帕洛夫教授参加了一次在中国武汉举行的学术研讨会。会后她跟我说，近20年现代主义研究迅速发展，中国学界在这方面却落后了。我作为一名中国学者听了此言深感有责任回去干十年，为祖国发展现代主义诗歌研究作出一点贡献。2008年，我被浙江大学聘为"永谦讲座"教授，每年利用暑假去讲一次学。在浙大校领导、浙大外院院领导的支持下，我提议的浙大现代主义研究中心于2008年7月正式成立，首届中国"现代主义与东方文化"学术研讨会于2009年7月在杭州召开，第三届"现代主义与东方文化"国际学术研讨会于2010年6月在杭州举行。

就在我接受浙大兼职教授聘书的那年，英国牛津大学出版社出版了拙著《埃兹拉·庞德的中国朋友》。次年，2009年5月，在我赴杭讲课、主持学术会议之前，新奥尔良大学各学院提名、推荐出了10名"最佳教授"候选人，我荣幸胜出，获该年度新奥尔良大学最佳教授奖。那年，新奥尔良大学刚参照加州大学柏克利分校的做法，新设了一个带研究金的高级职称，叫Chancellor's Professor。直译为"校长教授"并不能传达其真意，浙大一位同仁提议译作"校级首席教授"。我有幸在新奥尔良大学第一个晋升这个新设的高级职称。但就是这个高级职称也不能动摇我回国服务的决心。浙大"永谦讲座"教授任期刚满，杭州师范大学即聘我为"钱江学者"讲座教授。从2008年在浙大开暑期班到2018年，我不知不觉回国短期服务已满10年，从教已满 50 周年。这本论文集也可以说是给自己从教 50 周年的礼物。

收入本文集的文章，我尽量保持原貌。有的书评，譬如《介绍一本英英词典》，评的书（这里是 1978 年版《朗曼当代英语词典》）早已为更新、更好的书所取代。有的文章，譬如《试析威廉斯的五首诗》，我自己有了新的、更深刻的认识。如果利用结集的机会作大量修改，文章就失去了我认知渐进的真实性。相信读者会用历史唯物主义的观点来阅读这些 1980 年代的文章。将之与我近 30 年的著述比较，可以体察到我在不断兼收并蓄、不断创新中成长的过程。

在整理这些文章时，我倒是在体例上作了必要的修改。一是给出了英美等国语言学家、文学家规范的中译名（如乔姆斯基、威多森、菲茨杰拉德等），中译名首次出现时其外文名（Chomsky，Widdowson，Fitzgerald 等）随后放在括弧中。一是给没有加注的引语加上了脚注。另外，在不影响文章原貌的前提下，对个别意义含混的字句也作了修改。

借这次 1980 年代论文结集的机会，我要感谢北京外国语大学几位健在的、教过我、辅导过我，或跟我合作过的老师。傅丰圭教授是我大学一年级的泛读老师，他曾遵照"因材施教"的原则给我和另外两个同学布置额外的课外阅读，用业余时间同我们一起讨论作品，培养我们对英美文学的兴趣。吴青教授是我大学二年级的口语老师，曾两度用周日时间辅导我在英语晚会上演出。吴千之教授没有教过我课，是吴青教授在我大学二年级时把他请来，一起辅导我为英语晚会准备节目。那年上半年，吴千之教授曾以他主演的莎剧《奥赛罗》赢得全校师生的赞赏。他参与辅导我舞台"独白"是我的荣幸。我对莎士比亚、对戏剧的爱好，在一定程度上是受了吴青、吴迁之二师的影响。吴迁之教授是哥伦比亚大学博士、美国礼德学院教授、《道德经》最新英文注译本《老子如是说》（外语教学与研究出版社，2013 年；夏威夷大学出版社，2014 年）的注译者。近年，我还多次向他请教过问题。1980 年，我留校第一个学期有幸与张中载老师在 1977 级两个不同的班教课，常一起用餐、聊天。我俩都爱好哈代与乔伊斯，是他最早把我的兴趣引向英美现代主义文学。1985 年，我们俩还合编过一期《紫竹》英汉对照读物，他译介乔伊斯中篇小说《青年艺术家的肖像》，我译介乔伊斯短篇小说集《都柏林人》第一篇《两姐妹》。102 岁高龄的伊莎白 · 柯鲁克教授是我读研论文答辩会主席。她在答辩会上提出的一个问题我永远不会忘记：文学与文化有什么关系？如果说文化，特别是东西文化交流，像一条主线贯穿了我以往 30 年的专著、编著与论文，我要感激的多位老师中首先有她。

我还要感谢北京外国语大学胡文仲、王立礼、郭棲庆、金莉、张剑、姜红、马海良、李铁；原北外、现华盛顿州立大学普尔曼分校刘新民，原北外、现加州州立大学东湾分校郭建生，原北外、现加州大学戴维斯分校陈小眉，原北外、现斯坦福大学王斑；杭州师范大学李公昭、欧荣、管南异、陈礼珍、冯昕、应璎、田颖、叶蕾、楼丹华、章琪；湖北师范大学聂珍钊、罗良功、杜娟；湖南师范大学蒋洪新；上海外国语大学李维屏、虞建华、谢天振、张和龙、王戈璇、胡荣；苏州大学方汉文；上海交通大学胡曰健；香港城市大学张隆溪；香港中文大学李鸥；云南师范大学郝桂莲；中国社会科学院陆建德、程巍、严蓓雯；中国人民大学孙宏、耿幼壮；中山大学区鉷；浙江大学范捷平、沈弘、徐枫、何莲珍、高奋、卢巧丹；德国波恩大学萨比纳·希尔克（Sabine Sielke）；法国阿维尼翁大学安娜·卢亚特（Anne Luyat）；美国加州大学柏克利分校查尔斯·艾尔蒂埃瑞（Charles Altieri）；美国密西根大学乔治·伯恩斯坦（George Bornstein）；美国斯坦福大学玛乔瑞·帕洛夫（Marjorie Perloff）；美国杜兰大学贝瑞·埃亨（Barry Ahearn）；美国西北大学克里斯汀·弗鲁勒（Christine Froula）；美国新奥尔良大学琳达·布兰敦（Linda Blanton）、科尼·菲尔普斯（Connie Phelps）、屠升如；美国耶鲁大学帕特丽夏·威利斯（Patricia Willis）；加拿大不列颠哥伦比亚大学艾拉·纳代尔（Ira Nadel）、加拿大新勃伦斯维克大学德米屈斯·屈弗诺普勒斯（Demetres Tryphonopoulos）；西班牙萨利曼卡大学维尔里格·帕特（Viorica Patea）；意大利热那亚大学马西姆·巴奇卡鲁帕（Massimo Bacigalupo）；英国爱丁堡大学罗塞纳·普瑞达（Roxana Preda）；英国牛津大学罗纳德·布什；英国伦敦大学苏以宽。感谢他们这些年来对我的信任和支持。

感谢原浙江大学、现杭州师范大学殷企平为本论文集撰写代序。没有他的热情支持和通力合作就不会有浙江大学"现代主义研究中心"，也不会有2009年在杭州召开的中国首届"现代主义与东方文化"学术研讨会和2010年在杭州举行的第三届"现代主义与东方文化"国际学术研讨会。2008年至2018年，从浙江大学到杭州师范大学，我与企平合作得非常愉快。

感谢美国诗人庞德的女儿玛丽·德·拉齐维尔兹（Mary de Rachewiltz）提供庞德创作第49诗章蓝本《潇湘八景》册页之各景的珍贵照片。感谢美国亨廷顿图书馆提供1609年"第一四开本""布列奇沃特本"莎士比亚《十四行诗集》第一页的照片。

感谢《外语教学与研究》、《外国文学》、《中国语文》、《外国语》、《美国文学丛刊》、《莎士比亚研究》、《中学语文教学》、《甘肃教育》等刊与商务印书馆的主编、副主编与责编，是他们鼓励我重新发表1980年代经他们审阅、编辑的文章，通过重新发表寻求批评与指正。

我的学术研究分为1980年代北外初创、世纪之交北美著书和2010年代回归发展三个阶段。《若谷编》文集收了我从教、学术研究第一阶段的文章，后两个阶段的文章还有待以后结集。感谢外语教学与研究出版社，特别是徐建忠总编辑，以及高英分社李会钦社长、孔乃卓副社长、王丛琪女士。是他们促成了《若谷编》的出版，并且在审阅过程中提出了非常好的建议，帮我纠正疏漏。对责任编辑赵东岳、美编孙莉明一丝不苟的付出，我由衷地感谢。对为本书题签并手书《道德经》的第15章的好友陈立德我也要一并说声谢谢。

本书的出版得到了浙江省一流学科A类建设项目和杭州师范大学"攀登工程"二期建设项目的经费资助，特在此致谢。

我夫人王美芳对《前言》、《后记》的初稿提出过很好的建议。杭州师范大学外国语学院在职博士生沈丽娟和卢美艳、陕西师范大学外国语学院郭英杰博士、杭州师范大学外国语学院研究生柳小芳和李云霄在我整理本文集的过程中帮我评议或誊抄过选篇、寻找过资料。谨在此一并鸣谢。

钱兆明

2018 年 3 月 18 日

于美国加州弗里蒙特